KB212087

히잡은
패션이
다

히잡은 패션이다

인도네시아 무슬림 여성의 미에 대한 생각과 실천

초판 1쇄 인쇄 2018년 6월 25일 \ **초판 1쇄 발행** 2017년 6월 30일
지은이 김형준 \ **펴낸이** 이영선 \ **편집 이사** 강영선 김선정 \ **주간** 김문정
편집장 임경훈 \ **편집** 김종훈 이현정 \ **디자인** 김회랑 정경아
독자본부 김일신 김진규 김연수 박정래 손미경 김동욱

펴낸곳 서해문집 \ **출판등록** 1989년 3월 16일(제406-2005-000047호)
주소 경기도 파주시 광인사길 217(파주출판도시) \ **전화** (031)955-7470 \ **팩스** (031)955-7469
홈페이지 www.booksea.co.kr \ **이메일** shmj21@hanmail.net

© 김형준, 2018
ISBN 978-89-7483-941-3 04280
ISBN 978-89-7483-667-2(세트)
값 16,000원

이 도서의 국립중앙도서관 출판예정도서목록(CIP)은 서지정보유통지원시스템 홈페이지(http://seoji.
nl.go.kr)와 국가자료공동목록시스템(http://www.nl.go.kr/kolisnet)에서 이용하실 수 있습니다.
(CIP제어번호: CIPCIP2018017545)

《아시아의 미Asian beauty》는 아모레퍼시픽재단의 지원으로 출간합니다.

아시아의 미 8
Asian beauty

히잡은 패션이다

인도네시아
무슬림 여성의 미에 대한
생각과 실천

김형준
지음

서해문집

prologue

●

'엄청나게 더울 텐데?' 히잡hijab 쓴 여성을 볼 때마다 들었던 생각이다. 적도를 가로지르는 위치에 자리한 인도네시아에서 한낮의 햇볕은 땡볕이라는 말이 무색할 정도로 따갑고 강렬했다. 그래서인지 히잡 연구에 필요한 인터뷰를 할 때면 늘 신체적 어려움에 대한 것을 먼저 묻곤 했다. 하지만 인터뷰한 이들은 이런 내 생각에 공감을 표하지 않았다. 또 매우 간결하게 답변함으로써 그것이 관심사가 아님을 드러냈다.

"브래지어와 비슷하다고 생각하면 돼요." 브래지어 착용 경험이 없는 내게 한 여성이 말해준 이 비유는 현실을 이해하기 어렵게 만들었다. 하지만 더 곤혹스러운 것은 그녀가 속옷을 언급했다는 사실이었다. 몇 차례 만나 인터뷰를 하고 같이 식사도 했지만 우리 사이에 라포르rapport, 즉 연구자와 연구 대상 사이의 교감이나 신뢰 관계는 충분히 형성돼 있지 않았다. 그런데 그녀가 서슴없이 브래지어를 언급해 무척이나 당황스러웠고, 이후 대화를 어떻게 풀어 나가야 할지 알 수 없게 된 것이다.

히잡을 쓴 그녀는 왜 그렇게 거리낌이 없었을까? 비슷한 상황이 떠올랐다. 오래전인 1990년대 초중반 나는 인도네시아에서 현지 조사를 하고 있었다. 조사를 시작하고 얼마 되지 않아 알고 지내던 한 영어 교사의 초대를 받았다. 그가 재직 중인 여자고등학교를 방문해 준비한 이야기를 어눌하게 끝내고 문답 시간이 됐다. 한 여학생이 질문을 했다. 그러자 갑자기 학급은 웃음의 도가니로 변했고, 질문을 이해하지 못한 나만 어색하게 서 있었다. 영어 교사가 다가와 학생들의 질문 의도를 전해줬다. 경악스럽게도 그것은 포경에 대한 것, 즉 내가 포경수술을 받았는지를 묻는 것이었다.

처음 본 외국인 남성에게 포경수술 여부를 묻는 상황이라니! 그것도 여학교에서. 하지만 이런 상황이 황당하지 않다는 사실은 이후 점차 이해할 수 있었다. 무슬림이 다수인 인도네시아에서 포경수술은 성년식의 중요한 통과의례였기에 금기시되지 않는 대화 소재였던 것이다. 성년식 의례에 몇 차례 참가하고 난 후 나 역시 어린 아들을 키우는 여성과 포경수술에 대한 이야기를 자연스럽게 나누게 됐을 정도다.

하지만 이런 경험만으로는 충분치 않았다. 좀 더 근본적으로 성적 뉘앙스가 담긴 소재나 이야기에 인도네시아 사람이 우리보다 훨씬 더 거리낌이 없다는 사실을 고려해야 했다. 조사지의 젊은이들은 자유롭게 성적 농담을 주고받았고, 나 역시 젊은이들과 그런 농담 주고받기에 익숙해졌다.

성적 뉘앙스가 담긴 대화가 이렇듯 일상에서 자연스럽게 이루어진다는 것을 알고 있었는데도 내가 브래지어라는 표현 하나에 당혹감을 느낀 이유는 무엇이었을까? 그것은 무슬림 여성의 히잡에 대한 편견 때문이었다. 이전까지 내가 주로 만난 히잡 쓴 여성은 이슬람 단체에 소속된 여성이었다. 가벼운 일상의 이야기도 했지만, 보통은 이슬람 관련 활동에 대해 대화하는 일이 많았다. 그뿐 아니라 이슬람 단체에서 만났기 때문에 이들을 대하는 내 행동 역시 신중할 수밖에 없었다. 악수는커녕 가능한 한 신체 접촉을 하지 않도록 멀찌감치 자리를 잡고 앉았다. 이런 경험으로 인해 마음 한구석에 히잡에 대한 편견이 자리하게 된 것이다. 즉 히잡 착용은 경건하고 종교적인 삶을 살겠다는 의지의 표명일 것이라고 말이다. 이런 이들과 성적 뉘앙스를 담은 대화는 상상할 수 없는 일이었다. 그랬기에 우연히 튀어나온 브래지어라는 한마디에 히잡에 대한 내 편견은 여지없이 깨지고 말았다.

편견에 대한 깨달음은 인식의 지평을 넓혀주는 장점을 갖는

다. 히잡 쓴 여성이 그렇지 않은 여성과 상이한 삶을 살 것이라
는 편견이 깨짐으로써 타자화됐던 히잡 착용 여성은 같이 웃고
떠들며 일상을 공유할 수 있는, 그런 보통 인도네시아 사람으로
전환될 수 있었다.

* * *

1990년대 초중반만 해도 인도네시아에서 히잡 쓴 여성을 찾아
보기는 쉽지 않았다. 현지 조사를 했던 마을에서 히잡을 일상적
으로 착용하는 여성은 한 명도 없었고, 도시에서나 히잡 쓴 여
성을 이따금 볼 수 있을 뿐이었다. 그런데 2000년대에 접어들
자 거리에서 히잡 쓴 여성을 찾아보기가 수월해졌고, 대학에서
는 히잡 쓴 여성이 그렇지 않은 여성보다 더 많다는 느낌이 들
었다. 2010년대가 되자 히잡을 쓴 여성이 공적 영역을 주도하
는 모습으로 달라지기 시작했다. 맥도날드와 피자헛 같은 외식
업체나 서구식의 대규모 쇼핑몰, 관공서에서도 히잡 쓴 여성이
더 많이 눈에 보였다. 이러한 급격한 변화를 느껴서인지 무슬림
여성을 연구하고자 결심한 순간 히잡은 주요 소재로 편입됐다.
　히잡에 대해 관심을 갖게 되자 히잡 스타일의 변화 역시 감
지할 수 있었다. 과거에는 무채색의 커다란 히잡이 일반적이었

다면, 점차 다양한 색과 무늬가 있는 작은 크기의 히잡이 등장했다. 이런 스타일의 여성은 히잡과 일상복을 같이 입는 경우가 많았다. 히잡 착용의 목적이 여성의 신체적 아름다움을 외부 시선으로부터 차단하기 위한 것이라는 단순한 설명에 익숙하던 내게 새로운 히잡 스타일은 경이로워 보였다. 히잡을 쓰면서도 미적 표현을 포기하지 않는다면 히잡을 착용하는 진짜 이유가 무엇인지 궁금했다. 따라서 히잡 연구를 계획할 때 무슬림 여성의 미적 표현은 핵심 주제로 떠올랐다.

히잡을 통한 미적 표현에 가장 많은 관심을 기울일 대상은 젊은 여성, 특히 여대생이었다. 현지 지인을 통해 몇몇 여대생을 소개받고 이들과 인터뷰를 진행했다. 이들로부터 히잡 판매 장소에 가보자는 제안을 받은 후 우리는 상점이 밀집해 있는 쇼핑몰을 방문했다. 우리가 처음 간 곳은 조야Zoya라는 브랜드숍이었다. 학생들에 따르면, 이 브랜드는 '할랄halal 히잡'이라는 독특한 개념을 마케팅에 이용해 논란을 불러일으켰다. '종교적으로 허용된'이라는 뜻의 할랄을 히잡 앞에 덧붙인 것은 놀라운 시도였다. 히잡 착용 자체가 이슬람 교리에 부합하는 것인데, 할랄이라는 표현을 덧붙임으로써 '종교적으로 금지된'이라는 의미를 갖는 '하람haram 히잡'이 존재하는 듯한 뉘앙스를 풍겼기 때문이다. 회사 측은 할랄이 히잡을 만드는 천에 국한되는

치핏을 보여주는 연구 대상자

표현이라고 주장했지만, 계속해서 비판이 커지자 이 개념의 사용을 철회했다. 해프닝으로 끝난 일이지만 이 사건은 할랄과 히잡에 관한 대중적 관심의 고조 그리고 이를 마케팅에 활용하려는 기업의 욕구를 여실히 보여준 셈이다.

조야 숍에서 학생들은 히잡과 관련된 다양한 물품에 대해 설명해주었다. 히잡을 착용하기 전에 '치풋ciput'이라는 모자 형식의 탄력 있는 천을 둘러서 머리털을 가린다는 사실을 알게 됐다. 이들은 내게 조금이라도 더 말해주려 노력했고 다양한 히잡 착용 방식을 시연했다.

다른 연구 대상 여성과의 인터뷰 역시 처음 만난 여학생들과 별 차이 없이 이루어졌다. 카페에서 인터뷰를 하고 쇼핑몰뿐 아니라 재래시장과 노점상을 방문해 히잡에 대한 설명을 들었다. 여러 곳을 다니며 발견한 사실은 히잡의 가격 차이가 상상을 초월한다는 것이었다. 내 눈에는 별 차이 없어 보였지만, 수만 루피아rupiah (수천 원)에서부터 수백만 루피아(수십만 원)에 이르기까지 다양한 가격의 히잡이 판매됐다. 이는 히잡을 대상으로 한 차별화, 고급화, 브랜드화가 진행되고 있다는 것 그리고 히잡이 패션 아이템으로 전환되고 있음을 시사했다.

* * *

이슬람에 대해 논의할 때 빠지지 않는 연구는 에드워드 사이드 Edward Said 의 《오리엔탈리즘》이다. 이 책은 이슬람에 대한 서구의 인식이 서구의 내적 논리와 필요에 의해 형성됐음을 지적하고, 이렇게 형성된 인식이 이슬람 사회의 현실을 왜곡하고 무슬림을 타자화하는 방향으로 흘렀다고 주장했다.

내 시각이 아닌 내부자의 관점을 통해 타 문화에 접근해야 한다는 자세는 문화인류학 연구의 기본 전제다. 타인의 관점을 습득하는 일이 쉽지는 않지만, 그런 노력을 통해 타 문화에 대한 편견이나 왜곡된 인식에서 벗어날 가능성은 높아진다. 타인의 관점을 중시하다 보면 자연스럽게 다원주의적 태도를 체화하게 된다. 생활양식, 삶의 원칙과 목적이 서로 차이 날 수 있음을 인정함으로써 자기중심적 현실인식의 한계를 넘어설 수 있다.

히잡을 선택하는 이유는 다양하지만, 가장 근본적인 것은 종교다. 종교적 의무이기에 히잡을 착용한다는 것이다. 이런 식으로 종교를 개입시키면 우리는 강제를 떠올림과 동시에 개인의 취향을 주변적 문제로 간주하게 된다. 복장 선택에 종교가 개입된다는 사실은 히잡에 대한 낯섦을 거부감으로, 나아가 비난과 혐오로 이끌게 된다.

종교 개입에 대한 부정적 태도는 세속적 세계관을 절대화하려는 경향에서 기인한다. 자유주의에 기반을 둔 선택의 자유가 개인에게 부여돼야 한다는 믿음은 종교적 굴레로부터의 탈피를 내포한다. 하지만 세속적 세계관만을 유일하고 절대적인 것으로 인정하려는 경향은 전 지구적으로 통용될 수 없다. 현대화된 공간에서도 종교적 세계관의 절대성을 받아들이는 사람이 엄연히 존재하기 때문이다. 수적으로 본다면 오히려 종교적 세계관을 지지하는 사람이 더 많지 않을까.

현대 사회를 같이 살아가는 누군가에게는 종교적 세계관이 삶의 근본 원칙으로 받아들여진다는 사실을 이슬람을 연구하면서 깨닫게 됐다. 반면 이러한 인식 때문이었는지 히잡에 대해 연구하기 전, 내 시각은 종교적 의무라는 면에 경도돼 있었다. 그래서 히잡 착용 여성이 증가하는 현상을 이슬람의 영향력 확대라는 외적인 요인을 통해 이해하려 했다. 이러한 시각이 히잡 쓴 여성의 입장을 고려하지 못한 제한적인 것임을 알아채지 못했다.

히잡을 조사하고 글을 쓰는 과정은 내가 이전에 가지고 있던 히잡에 대한 편견에서 벗어나는 과정이었다. 히잡을 쓰는 다양한 동기, 히잡을 쓰지 않는 다양한 이유, 히잡을 쓰는 다양한 방식, 히잡을 통해 드러내고자 하는 다양한 미적 표현, 히잡을 바라보는 다양한 관점을 히잡 쓴 여성의 입장에서 바라보려고 노력함으로써 그것을 복장과 관련된 취향 차이로 이해할, 나아가 히잡과 미니스커트를 같은 선상에서 바라볼 기틀을 마련할 수 있었다.

* * *

이 글에 제시된 자료 중 일부는 학술지 논문을 통해 발표된 것이다. 4장과 5장의 자료는 〈히자버와 질밥〉(《비교문화연구》, 2017)에, 6장과 7장의 자료는 〈히잡을 둘러싼 인식 차이와 경합〉(《비교문화연구》, 2018)에 일부 수록돼 있음을 밝혀둔다.

히잡,

무슬림
여성의
옷

I

●

1990년대 초중반 인도네시아 자바의 욕야카르타Yogyakarta [1]에서 현지조사를 할 때 내 연구 주제는 이슬람이었다. 당시의 조사를 통해 더 많은 사람이 예배와 금식에 참여하게 됐고, 비非이슬람식 전통이 주변화됐으며, 무슬림과 타 종교도 간의 갈등이 고조됐고, 무슬림 사이의 연대가 강화됐음을 알게 됐다. 하지만 이러한 변화가 여성의 복장과 연관될 수 있음을 고려하지는 못했다. 여성의 노출이 종교적으로 중요한 문제로 취급되지 않았기 때문이다. 또한 영어로는 '베일veil', 아랍어로는 '히잡hijab', 인도네시아에서는 '질밥jilbab'이라 불리는 머리털과 목을 덮는 복장을 일상적으로 착용하는 여성을 찾을 수 없었다. 베일은 예배를 드리거나 종교 강연회에 참여할 때 잠시 이용됐다. 이슬람 단체가 설립한 학교에 다니는 여학생은 등교 시 베일을 착용하지만 방과 후에는 평상복으로 갈아입었다. 마을 여성의

인도네시아 욕야카르타

일상복은 반소매 상의에 치마 혹은 바지 차림이어서 얼굴과 목 그리고 팔이 자연스럽게 노출됐다.

복장에 대한 내 이해가 더 이상 적절치 않음을 확인하는 데는 그리 오랜 기간이 걸리지 않았다. 2000년대 중반 조사 마을을 다시 연구할 기회가 생겼을 때 베일을 일상적으로 착용한 여성을 쉽게 발견할 수 있었다. 인도네시아 무슬림 여성에 대한 연구 역시 베일 쓴 여성의 증가를 지적했고, 특히 여대생 사이에서 베일이 교복처럼 여겨진다고도 밝혔다. 이는 베일 착용이 어색하고 낯선 상황에서 얼굴 이외의 신체적 노출이 적절한지를 고민해야 하는 상황으로 사회적 분위기가 급속히 전환되었음을 시사했다.

이러한 변화를 설명하기 위한 가장 손쉬운 방식은 종교를 이용하는 것이다. 일상적 영향력을 확대해온 이슬람이라는 렌즈를 통해 여성의 복장을 바라볼 때 베일이 심각한 문제로 여겨질 수밖에 없었을 것이라는 식이다. 이는 명쾌해 보이지만, 베일 착용의 일상화를 종교적 요인만으로 이해하기에는 뭔가 석연치 않은 점이 있었다.

무슬림 여성에 대한 기존의 연구는 이러한 단순화된 설명의 문제점을 지적한다. 이들의 베일 착용에는 종교적 이유뿐만 아니라 정치경제적, 사회문화적, 역사적 상황이 개입돼 있다는 것이다. 같은 주장이 베일 착용의 효과에도 적용될 수 있다. 베일로 인해 무슬림 여성의 아름다움, 개인의 특성과 정체성이 은폐된다고 가정하는 타자의 시선과 달리 무슬림에게 베일은 미와 개성을 표현하고 정체성을 드러내는 기제로 작용할 수 있다.

짧은 기간 내에 급격한 변화가 있었기에 인도네시아의 사례는 무슬림 여성의 베일 착용 동기와 방식, 베일을 둘러싼 집단 간 경합과 타협의 과정을 비교적 쉽게 검토할 수 있도록 한다. 또 미적 외현화를 억압하는 수단으로 베일을 규정할 때 간과하게 되는 무슬림 여성의 미적 인식과 표현에 대한 이해를 심화시킬 수 있다. 다른 종교 신자나 다른 지역 사람과 마찬가지로 무슬림 여성 역시 자신을 드러내고 구별 짓고자 하는 욕망을 가지

고 있으며, 베일은 이를 가로막는 장애물이 아니라 오히려 매개
하는 수단일 수 있다.

베일과 히잡

무슬림 여성이 머리털, 목, 어깨 등의 신체 부위를 가리기 위해
착용하는 복장을 영어권에서는 '베일'이라고 칭했다. 이슬람에
대한 서구의 관심이 확대되면서 베일은 현지에서 쓰이는 말로
대체되기도 해서 '히잡', '차도르chador' 등으로도 표현됐다. 그
러다가 미국의 아프가니스탄 전쟁 참여를 전후해 '부르카burka'
가, 서유럽 국가에서 무슬림 복장이 공론화되면서 '니캅niqab'이
서구 미디어에 흘러들었다.

  베일처럼 무슬림 여성의 복장을 통칭하는 표현이 이슬람 사
회에서는 확립되지 않았고, 지역에 따라 상이한 단어가 사용됐
다. 그중 종교적으로 자주 쓰인 것은 '히잡'이다. 이슬람교 경전
인《코란Koran》(쿠란이라고도 함)에 언급된 이 말의 문자 그대로의
의미는 휘장이나 커튼이다. 휘장은 여성과 남성의 공간적 분리
를 위해 이용됐기 때문에 여성의 몸을 외부와 분리한다는 의미
에서 히잡이 베일을 지칭하는 표현이 됐다.《코란》에서 여성의

히잡   니캅   부르카

차도르   키마르

의복을 칭하는 말은 '질밥jilbab'과 '키마르khimar'다. 질밥은 긴 가운 형식의 옷을, 키마르는 머리가리개를 뜻하므로² 베일에 보다 가까운 의미지만 통칭어로 수용되지는 않았다. 《코란》이 계시될 당시 착용하던 특정한 복장을 지칭함으로써 이들 단어가 상이한 복식 문화를 가진 지역에 도입되기에는 어려움이 있었으리라 추정된다.

북아프리카에서 동남아시아까지 동서로 넓게 펼쳐진 이슬람권에서도 상이한 표현이 사용됐다. 동남아시아의 인도네시아와 말레이시아에서는 토착어인 '크루둥kerudung', '투둥tudung'이, 서남아시아에서는 산스크리트어인 '두파타dupatta'가, 알제리에서는 '하이에크hayek'가 쓰였다. 단어의 차이는 단순한 언어적 차이를 의미하지 않았다. 색과 스타일, 장식, 같이 입는 옷, 노출 정도 등에 따라 제각각 달랐다.

베일은 얼굴 노출 정도, 천의 길이, 같이 입는 옷 등을 중심으로 몇 가지로 크게 나눠볼 수 있다. 가려야 하는 부위는 보통 머리털, 귀, 목이며, 이를 가리면 얼굴이 둥근 형태로 드러나게 된다. 이런 베일을 보통 히잡이라 하고, 눈 아랫부분을 가려서 눈 주변만 드러낸 것은 니캅이라고 한다. 그리고 노출 부위를 전부 없애기 위해 눈 부위마저 망사 형태의 천으로 가린 것은 부르카라고 한다.

베일을 구분하는 또 다른 기준은 '길이'다. 목과 어깨의 일부만을 가리는 짧은 형태가 있는 반면, 몸 전체를 가리는 긴 망토 형태도 있다. 히잡은 상반신을 덮는 면적이 가장 작은 편에 속한다. 정사각형이나 직사각형의 천으로 만든 히잡은 짧은 것은 목 주변만을, 긴 것은 가슴을 포함한 상반신의 일부를 덮는다. 히잡과 다양한 옷의 조합이 가능해서 청바지와 긴소매 셔츠 혹은 몸의 윤곽을 완전히 가리는 옷과 함께 착용할 수 있다.

히잡 다음으로 길이가 긴 것은 키마르인데, 상반신을 덮고 내려와 허리까지 이른다. 보통 폭이 넓은 치마와 함께 입는다. 키마르보다 더 긴 것은 전신을 가리는 통옷 형태의 부르카인데, 머리부터 발끝까지 몸 전체를 가린다. 이란에서 주로 착용하는 차도르는 망토 형태로, 몸 전체를 덮는다.

베일은 천의 모양에 따라서도 불리는 이름이 다르다. 원통형 천으로 만든 것은 '아미라al-Amira', 긴 직사각형 천으로 만든 것은 '샤일라shayla'라고 한다. 한편 변이형도 있는데, 머리와 목 주변에 헐렁하게 착용한다. 동남아시아에서는 이런 것을 크루둥이나 투둥, 이란에서는 '루사리rusari'라고 한다.

이처럼 지역적, 역사적 다양성으로 인해 통칭어를 선별하기는 쉽지 않다. 따라서 베일을 통칭어로 사용할 수도 있지만, 여기에는 서구적 시각이 내포돼 있다. 이에 고려해볼 수 있는 대안은 히잡이다. 히잡은 베일을 지시하는 은유적 표현으로 《코란》에 등장한다. 또 최근 일부 무슬림 사회에서 그리고 비무슬림 사회의 이슬람 관련 담론에서 히잡이 통칭어로 자주 이용된다. 따라서 이 글에서는 무슬림 여성이 착용하는 베일의 통칭으로 히잡을 사용하기로 한다.

서양과 히잡의 만남

히잡은 원래 서아시아(중동)와 인근 지역의 토착 의상이었다. 이슬람교가 도래한 7세기 이전에도 지중해 연안 지역에는 히잡과 유사한 복장이 있었던 것이다.[3] 역사적으로 이슬람권 사회와 대립 관계에 놓여 있던 유럽에서 히잡은 낯선 복장이 아니었지만, 19세기를 지나면서 이전과는 다른 의미가 부여됐다. 히잡의 새로운 의미는 유럽의 제국주의적 팽창과 연결됐다. 18세기 후반 이후 유럽 사회는 정치군사적 맞수였던 오스만제국의 통치 지역으로 식민화를 가속화했다. 19~20세기 초반을 거치며 북아프리카와 서아시아의 이슬람 지역이 유럽 제국주의의 희생물이 됐다. 중앙아시아, 서남아시아, 동남아시아의 이슬람 지역 역시 유럽의 식민지로 전락했다.

　이슬람 지역에 대한 서구의 정치적 우위가 확립되고 운송 수단이 발달하면서 일반인의 방문이 빈번해지자, 히잡에 대한 서구의 인식은 서서히 재편됐다. 1800~1950년 유럽에서 발간된 수만 권의 이슬람 관련 서적에서 히잡은 지대한 관심을 받았는데,[4] 그 인식은 '격리'와 '야만'이라는 상호 연결된 두 축을 중심으로 형성됐다. 즉 '신체 은폐를 강요함으로써 히잡은 자기표현의 제한과 공간적 격리를 강제하며, 가부장적 체계에 여성을 속

박하려는 남성의 야만성을 표현한다'는 식으로 의미를 부여한
것이다. 이는 이슬람 사회에 대한 서구의 침탈을 정당화하는 기
능을 했다.

'계몽된' 서구인은 '격리된' 여성을 '야만적' 억압에서 해방해
진보의 길로 인도해야 할 필요를 느꼈다. 하지만 이성적으로 이
해된 '백인의 책무'가 현실에 그대로 적용될 수는 없었다. 제국
주의적 팽창이 서구의 정치경제적 탐욕에 의해 추동된 것처럼
유럽 남성은 격리된 여성에게 유사한 욕망을 가졌다. 무슬림 남
성과 마찬가지로 가부장적 태도를 체화하던 이들에게 억압된
여성의 구출뿐 아니라 보고 만질 수 없는 여성에 대한 접근을
가능하게 할 해결책은 '히잡 벗기기'였다. 사이드의 지적처럼[5]
오리엔탈리즘 담론이 성적 욕망과도 연결됐다면 히잡은 예외가
아니라 그 전형이었다.

서양 남성의 눈에 히잡은 성적 욕구를 자극하는 복장으로 비
쳤다. 보이지 않는 몸은 호기심을 불렀고, 침투하고자 하는 욕
망을 일으켰다. 예를 들어 눈 부위만 드러낸 여성을 대면한 서
양 남성은 그 인상을 이렇게 서술했다.[6]

히잡을 쓴 한 무리의 여성이 남성과 떨어져 서 있었다. (……) 그녀
들의 모습 모두는 로맨틱했다. (……) 곁눈질, 히잡을 통해 훔쳐보

무슬림 여인의 모습을 담은 식민시기의 우편엽서

는 여성은 거대하고 물에 젖은 촉촉한 눈으로 나를 바라보고 있는 듯했다. 의식적으로 내게 시선을 고정한 듯한 대담한 시선의 그녀는 보이지 않은 채 (나를) 볼 수 있었다. (……) 커다랗고, 깜박이지 않고, 몽환적이고, 육감적인 눈은 나를 긴장감 넘치는 호기심으로 가득 채웠다.

서양 남성에게 히잡은 은폐가 역설적으로 가져오는 신비스러움의 원천, 욕망의 대상이었다. 그뿐 아니라 히잡은 미셸 푸코Michel Foucault가 지적한 권력 관계의 전복을 의미했다. 파놉티콘Panopticon(원형감옥)에서 나타나는 비대칭적 권력 관계[7]가 히잡으로 인해 전도돼 감시자의 역할을 해야 할 유럽 남성이 감시받는 위치에 놓였다. 따라서 히잡 벗기기는 지배 관계를 원상태로 회복함과 동시에 충족되지 못한 욕망을 해소하려는 시도였다.

히잡 벗기기가 가장 원시적인 형태로 적용된 영역은 유럽 사진사의 활동이었다. 무슬림 여성의 신체를 꿰뚫어보고자 하는 시선과 이를 저지하는 히잡 간의 긴장을 해소할 방법으로 고안된 전략은 연출된 노출이었다. 이들은 낮은 계층의 여성이나 거리의 창녀를 통해 히잡 속에 숨겨진 무슬림 여성의 몸을 드러내는 작업을 행했다.[8] 이러한 과정을 거치며 상류층 여성의 과도한 은폐 그리고 주변화된 여성의 과도한 노출이 무슬림 여성을 표상하는 주도적 이미지로 자리 잡게 됐다.

과도한 은폐와 노출 가운데 서양 남성의 구미에 맞는 쪽은 후자였다. 히잡 쓴 여성의 노출은 이를 강제할 힘을 가지고 있음을, 나아가 이들을 정복의 대상으로 설정할 수 있음을 드러냄으로써 식민지적 불평등 상황을 반영했다.

히잡 벗기기를 통한 무슬림 여성의 성적 대상화는 하렘harem 관련 담론과 연결되면서 상승 작용을 일으켰다. 금지된 것을 일컫는 하람haram에서 기원한 하렘은 여성이 히잡을 벗고 쉴 수 있는 집 안의 사적인 공간을 말한다. 하지만 서구인에 의해 하렘은 술탄이 수많은 후궁과 난잡한 성적 향연을 벌이는 격리된 공간으로 표상됐다.

무슬림 여성이 성적 판타지의 대상으로 이미지화되는 과정에서 유럽 화가의 역할은 중요했다. 오달리스크odalisque (원래는 술탄의 첩 혹은 노예를 뜻하는 터키어지만 와전돼 회화에 나타나는 누드 또는 옷을 입은 여인 유형을 가리킴)라는 이름을 부여받은 하렘의 여성은 이들의 작품 소재로 수용됐다. 누드화가 주를 이루고 그 배경이 침실이라는 사실 그리고 오달리스크를 화폭에 담았던 앵그르Jean-Auguste-Dominique Ingres와 부셰François Boucherr를 포함한 어느 누구도 하렘을 방문한 적이 없다는 사실은 히잡을 벗은 무슬림 여

앵그르, 〈그랑드 오달리스크〉

성이 서양 남성의 성적 판타지의 대상으로 자리 잡았음을 잘 보여준다.

오리엔탈리즘 형성에 중요한 역할을 한 일부다처제가 하렘과 연결되자 무슬림 여성은 또 다른 이미지를 부여받게 됐다. 일부다처제의 남성이 통제할 수 없는 성욕을 소유한 존재로 표상된 것처럼 무슬림 여성 역시 남성의 과도한 성적 욕구를 만족시킬 수 있는 음탕하고 난잡한 성생활을 즐기는 존재로 이해됐다. 하렘이라는 격리된 공간에서 성적 활동에 집착한다고 여겨진 무슬림 여성은 동성애적, '일부다처식' 성관계를 탐닉하는 존재로도 상상됐다. 이러한 인식은 19세기 말에 쓰인 《이슬람 하렘에서의 하룻밤A Night in a Moorish Harem》이라는 여행기적 소설에도 다음과 같이 투영돼 있다.

그녀가 방 여기저기에 흩어져 있는 비단 쿠션 중 하나를 밟고 섰다. 그녀의 키가 나와 거의 비슷해졌다. (……) 나는 다가가 그녀를 품안에 껴안았다. (……) 다른 여인들이 우리 주변에 몰려들었다. 이들은 내 목과 어깨에 키스를 퍼부었고 자신들의 가슴과 배를 (……) 느낄 수 있도록 했다. 이들이 나와 그녀를 둘러싸자 마치 이들 모두와 함께 몸을 섞고 있는 듯했다.

히잡에 대한 오리엔탈리즘적 인식은 모순되면서도 상호 연관된 이미지로 구성됐다. 히잡은 여성의 신체 은폐를 야기했지만, 여성의 몸은 정숙함으로 나아가지 않았다. 대신 히잡 속 여성의 몸은 에로틱한 매력을 내뿜고 정복되기를 원하는 음탕한 욕망 덩어리로 비쳐졌다. 서양 남성에게 히잡 쓴 여성은 가여움의 대상이면서 신비로움의 대상이었고 욕망의 대상이기도 했다. 그리고 여기에 추가될 것은 이들이 교화의 대상이기도 했다는 점이다.

비서구 사회의 계몽이라는 식민 이데올로기에서 볼 때 히잡 쓴 여성은 미몽에서 깨어나 서구인의 품으로 구조돼야 할 대상이었고, 이를 위한 최적의 방식은 히잡 벗기기였다. 예를 들어 알제리를 침공한 프랑스 장군은 알제리인의 개화를 위해서 무슬림 사회의 후진적 도덕, 관습, 믿음을 덮고 있는 히잡을 찢어버려야 한다고 주장했다.[9]

서구의 히잡 벗기기는 무슬림의 거센 반발이 두려워 식민지 전체를 대상으로 강제되지는 않았다. 대신 서구식 교육과 제도에 편입된 여성을 대상으로 한 히잡 벗기기가 가장 가시적인 성과를 가져왔다.[10] 이러한 식민 정부의 의도는 식민지에 거주하는 유럽인에 의해서도 실천됐다. 예를 들어 프랑스인 밑에서 일하는 무슬림 남성은 부부 동반 사교 모임에 참석할 때 부인으로

하여금 히잡을 쓰지 못하게 하거나 아니면 아예 직장을 그만두어야 했다.[11]

즉 이슬람 사회에 대한 서구의 부정적 태도는 히잡을 통해 상징화됐고, 식민화라는 정치적 힘의 논리가 이 과정에 개입된 것이다. 무슬림과 전면적으로 접촉한 서양인에게 히잡은 무슬림 사회의 후진성, 피식민 사회에 대한 욕망을 상징하는 것이었고, 이는 히잡 벗기기라는 결과로 나타났다.

이슬람 사회에서의
히잡

히잡은 이슬람 사회의 변화와 긴밀한 관계가 있다. 근대 이전 사회에서 이슬람은 일상의 삶에 스며들어 있었고 히잡 착용은 그다지 중요한 문제가 아니었다. 히잡이 전통 의상인 지역에서는 과거와 마찬가지로 계속해서 히잡을 착용했고, 히잡이 의례 의상인 지역에서는 의례를 치를 때만 이용됐다.

근대에 접어들어 서구의 제국주의적 팽창에 직면한 이슬람 사회에서는 다양한 대응 방식이 나타났다. 서구 지배에 반대하는 무슬림에게 이슬람은 서구와의 차별성을 보여주는 핵심 기제였고, 이슬람을 고수함으로써 서구에 저항하려 했다. 반대로 근대적 변화에 호의적인 무슬림 중 일부는 서구 문명의 기틀을 이슬람이 마련했다는 전제하에 이슬람 사회의 발전을 위해 근대적 변화를 수용해야 한다고 역설했다. 또 서구 문명에 좀 더 친화적인 무슬림 사이에서는 세속주의적 경향이 나타났다.

서양 문물의 침투에 따른 이슬람의 대응은 히잡을 둘러싼 환경에도 변화를 가져왔다. 19세기 말 여성해방주의에 영향을 받은 이집트 학자 카심 아민Qassim Amin이 히잡 착용의 불필요성을 주장했다. 그에 따르면, 히잡과 여성의 격리는 진보를 가로막는 장애물이며 히잡은 이슬람 사회의 후진성과 열등성에서 벗어나기 위해 철폐돼야 한다.[12] 이런 주장은 서구화에 의존한 발전을 갈망하는 무슬림에게 수용됐고, 결과적으로 이란과 터키의 히잡 착용 금지 정책으로 이어졌다.

서구의 식민 지배가 공고화되고 히잡 벗기기 시도가 가시화되자 예상치 못한 상황이 전개됐다. 식민지배에 저항하던 무슬림에게 히잡이 반식민투쟁의 핵심 상징으로 부상한 것이다. 프랑스 식민지인 알제리에서 전개된 히잡의 정치화 과정을 프란츠 파농Frantz Fanon은 이렇게 적었다.[13]

알제리의 식민지 발전 과정에는 (……) 히잡의 역사적 역동성이 존재한다. (……) 전통에 의한 엄격한 양성 분리 원칙이 요구됐기에 히잡이 착용됐고, 동시에 침략자가 알제리에서 히잡을 벗기려 했기 때문에 히잡이 쓰였다. (……) 침략자의 심리적, 정치적 공격을 막아내는 데 이용됐던 히잡이 이제는 (그에 대항하는) 수단과 도구가 됐다. 히잡은 알제리 여성으로 하여금 투쟁이 제기한 새로운 문제에 대응할 수 있도록 했다.

특정한 정치적, 사회문화적 목적을 위해 히잡 쓰기와 벗기가 진행됨에 따라 일부 이슬람 사회에서 히잡은 강력한 정치적 의미를 부여받았다. 특히 정부나 공동체에 의해 히잡에 대한 강제가 작동하는 곳에서 히잡 쓰기와 벗기는 기존 질서에 저항하는 상징적이면서도 효과적인 행위로 작용했다.

히잡의 정치화는 이슬람 지역이 독립한 20세기 중반 이후 현재까지도 이어진다. 터키에서는 공공 영역에서의 히잡 착용이 최근까지 금지됐던 반면, 이란에서는 혁명 후 히잡 착용이 강제됐다. 국가뿐 아니라 지역 수준에서도 정치적 의미가 부여된 히잡 쓰고 벗기가 계속됐다. 2000년대 들어 인도네시아 일부 지역의 무슬림 여성 공무원은 히잡을 쓰고 일하도록 강제된 반면, 비슷한 시기 코소보의 공무원은 히잡을 벗고 일하게 됐다.

히잡의 정치화는 히잡을 쓰고 벗는 것에 국한되지 않으며, 어떻게 히잡을 써야 하는지에 대해서도 다룬다. 터키의 히잡 정책은 모든 종류의 히잡을 대상으로 하는 반면, 이란에서는 몸 전체를 가리는 망토 형태의 차도르가 강조됐다. 아프가니스탄의 탈레반 치하에서는 부르카를 착용하지 않은 여성에게 강력한 제재를 가했다. 프랑스의 학교에서는 머리털을 가리는 단순한 형태의 히잡까지도 금지한 반면, 공적 영역에서는 부르카와 니캅만을 금지했다.

1960~1970년대를 거치며 이슬람권 사회 전반에서는 이슬람의 중요성을 강조하는 새로운 움직임이 젊은 세대를 중심으로 일어났다. 식민지에서 벗어난 이후 서구적 발전 경로를 추구한 이슬람 사회에서 뚜렷한 성과가 가시화되지 않자 서구와는 차별적인 경로가 모색됐고, 이 과정에서 이슬람식 사회 변혁이 부각됐다. 즉 이슬람 사회의 후진성이 이슬람의 가르침을 제대로 따르지 못한 데서 기인한 것으로 이해되자, 경전에 제시된 내용을 철저하게 적용함으로써 후진적 상황에서 벗어날 수 있으리라고 여긴 것이다.

'이슬람 부흥', '이슬람화'라 불리는 이러한 변화에 공감한 무슬림 여성 사이에서 히잡 착용 움직임이 나타났다. 이들은 히잡을 통해 무슬림의 정체성을 드러내고 현실의 부조리를 뛰어넘는 이슬람식 삶을 실천하려 했다. 이슬람에 대한 자각을 통해

히잡 착용을 시작한 무슬림 여성에게 그것이 가지는 의미는 다음과 같이 요약할 수 있다.[14]

공적 영역에서의 히잡 착용을 통해 젊은 여성은 이슬람식 이상의 비전을 (⋯⋯) 드러내려 했다. 이러한 의복 스타일에는 (⋯⋯) 이슬람 정체성과 도덕성의 확인, 서구식 가치와 물질주의, 소비주의, 상업화에 대한 거부가 내포돼 있다. 이슬람식 복장에 내재한 비전은 (⋯⋯) 초기 이슬람에 대한 이들의 이상화된 이해에 기초하고 있다. 하지만 이것은 현대적 문제에 대한 현대적 대응 움직임이다.

이슬람화 움직임은 이슬람을 삶의 중심에 놓으려 한다는 점에서 서구적 경험과 차이를 보인다. 종교를 사적 영역으로 제한하면서 진행된 서구의 근대화 과정에 비추어볼 때 이슬람화 움직임은 과거로의 회귀를 지향하는 복고적이고 반反근대적인 행보로 이해될 수 있다. 하지만 서양의 경험과 차이가 난다는 이유로 그것에 반근대의 낙인을 찍는 것은 적절하지 않다. 무엇보다도 그것이 현대적이고 초국가적인 상황에서 시작되고 진행됐기 때문이다.

종교적 믿음 차원에서도 이슬람화 움직임이 가진 과거와의 차별성은 명백하다. 그것은 과거로부터 전승된 종교적 믿음과 행동을 수용한 결과가 아니라, 이슬람을 객관화해 바라본 결과다. 무슬림은 기독교나 불교와 같은 타 종교, 사회주의나 자본주의 같은 세속적 성격의 이념, 무신론과 같은 대안적 믿음 체계와 자신들의 종교를 비교 검토한 후 이슬람을 선택하게 됐다고 주장한다. 따라서 이슬람화 움직임은 현대적, 전 지구적 변화에 대한 무슬림의 대응이며, 이슬람식 모더니티의 표현이다.

이슬람화 흐름에 맞추어 전개된 히잡 착용 역시 근대적 변화에 대한 무슬림 여성의 적극적인 대응이다. 하지만 이들의 대응이 히잡 쓰기로 국한된 것은 아니며, 상이한 조건에서 그것은 히잡 벗기로도 표출됐다. 대표적인 예가 이슬람 페미니스트다. 히잡 문제를 여성의 권리와 연결한 이들은 히잡을 자유롭게 쓰고 벗을 권리를 주장했다. 그럼에도 '이슬람'이라는 수식어가 첨부된 이유는 이들에게는 종교가 논의의 중심축이었기 때문이다. 이들이 문제 삼는 것은 이슬람 자체가 아니라 남성 중심적으로 해석된 이슬람이었다. 이슬람의 가르침은 남녀의 평등과 여성의 권리를 지지하는데, 남성 중심적인 종교 해석이 성평등적 교리를 왜곡했다는 것이다. 이들의 시각에서 본다면 종교적 강제 규정에 속하지 않는 히잡 문제의 핵심은 여성의 자유로운 선택권이다. 이들은 히잡 쓰고 벗기가 자유로운 선택에 기반을 두어야 하며 정치적, 사회문화적 강제가 개입돼서는 안 된다고 역설했다.

이슬람 페미니스트가 서양식 이념을 차용해 히잡 선택의 자유를 주장했다면, 거대담론에 의지하지 않은 채 유사한 관점을 체득한 이들도 있다. 예를 들어 인도네시아의 무슬림 여성은 히잡에 대해 다음과 같이 피력한다.[15]

> 옷차림은 맥락에 따라 판단해야 하는 것이지, 종교적 판단의 대상이 될 수 없다. (……) 큰길에서 발가벗고 기도를 한다 해도 신에게는 중요하지 않다. 신은 오로지 우리 영혼과 정신, 마음, 말과 행동, 열정과 자비심을 보실 뿐이지, 머리와 몸에 뭘 덮어썼는지는 보지 않으신다.

히잡은 쓰고 벗기뿐 아니라 스타일을 통해서도 다양성을 드러냈다. 패션을 통한 자기표현에 공감하는 무슬림 여성은 종교적 믿음과 멋 내기를 양립 불가능한 것으로 바라보지 않았다. 이들에게 히잡은 자아를 꾸미고 드러내는 매개이며, 이는 이슬람과 모순되지 않는다. "알라는 아름다운 것을 좋아한다"라는 설명에서 나타나듯, 히잡은 개인의 개성과 표현 욕구를 충족시키는 수단이었다.

히잡을 통한 자기표현을 추구하는 무슬림 여성이 증가하면서

2000년대 이후 히잡 패션은 눈부시게 발전했다. 이슬람 지역의 의상 업체뿐만 아니라 서구의 유명 브랜드 역시 히잡의 패션화에 동참했고, 무슬림 의상을 테마로 한 패션쇼가 비이슬람 국가에서도 개최됐다. 소셜미디어의 발전은 히잡 패션의 확산 속도를 배가했다. 자신의 히잡 패션을 SNS에 포스팅하고, 타인의 포스팅을 통해 영감을 얻는 무슬림 여성이 증가하면서 히잡을 중심으로 한 초국가적 수준의 연결망이 자연스럽게 형성됐다.

히잡 쓰기와 벗기, 히잡 스타일의 선택에는 무슬림 여성이 직면한 다양한 현실 그리고 그에 대한 대응과 타협의 과정이 개입돼 있다. 이런 의미에서 히잡을 둘러싼 현재의 상황은 종교적 전통의 계승이 아니라 이슬람식 현대성의 표현이다. 히잡과 관련된 모더니티의 표현은 다른 현상이 그러하듯[16] 다면적이고 중층적이다. 히잡은 여성의 미를 은폐하기도 하지만 그것을 드러내는 매개이기도 하며, 기존 질서에 대한 굴복이기도 하지만 그에 대한 저항이기도 하다.

히잡을 단일한 의미의 복장으로 간주할 때 우리는 이슬람을 하나의 모습을 가진 종교로, 무슬림 사회를 동일한 특성을 가진 사회로 바라보려는 오리엔탈리즘적 시각에서 벗어나기 힘들다. 이러한 단순화의 문제점은 이슬람을 다른 종교와 비교할 때 명백해진다. 기독교적 전통을 가진다는 이유로 유럽인에게서, 유교적 전통을 공유한다는 이유로 한국인과 중국인에게서 단일한 삶의 양식이 나타나리라고 가정할 수 없음은 명백하다. 이슬람 사회에 공통의 특징이 존재하는 것은 사실이지만, 그것이 각 사회에 존재하는 다양성을 덮어버릴 정도는 아니다.

히잡은 이슬람 사회가 처한 상이한 역사적, 정치경제적, 사회문화적 환경의 영향을 받아왔다. 따라서 그것에 단일한 의미만이 부여되지는 않으며, 그 다양성은 역동적인 맥락 안에서만 밝힐 수 있다.

이슬람과
히잡

2

무슬림은 《코란》을 신의 계시가 담긴 경전으로 믿는다. 선지자 마호메트를 통해 인간에게 전달되고 그의 사망 후 집대성된 《코란》은 이슬람과 관련된 모든 것의 옳고 그름을 판단하는 최종 준거점이다. 하지만 구절의 모호함, 신의 언어를 이해할 인간의 이성과 지성의 한계 등으로 인해 《코란》의 내용은 완전하게 파악할 수 없다. 이로 인해 《코란》은 종교적 논란에 종지부를 찍음과 동시에 논란을 야기하고 확대재생산하는 역할을 해왔다.

여성의 히잡 쓰기 역시 《코란》에서 기원한다. 히잡과 직간접적으로 연관된 《코란》 구절에 기초해 전통 사회의 이슬람 학자는 히잡 착용을 여성의 의무로 규정했고, 이 해석은 오랫동안 큰 저항 없이 받아들여졌다. 히잡 착용과 관련된 핵심 규정은 《코란》 24장 31절 '빛(an-Nur)'에 나온다. 24장 30절에는 시선을 낮추고 정숙함을 유지하라는 남성에 대한 훈계가 쓰여 있다.

31절은 여성을 대상으로 한 훈계인데, 30절에 비해 좀 더 구체적이며 더 많은 내용을 담고 있다.[1]

믿는 여성에게 일러 가로되, 그녀들의 시선을 낮추고 순결을 지키며 밖으로 나타나는 것 외에는 유혹하는 어떤 것도 보여서는 아니 되니라. 그리고 가슴을 가리고 머릿수건을 써서……[2] 드러내지 않도록 하라.

여기에는 여성에게 복장과 행동거지를 정숙하게 하라는 내용이 담겨 있다. "유혹하는 어떤 것도 보여서는 아니 되니라"라는 지적이 이전 절에 포함돼 있지 않다는 사실을 통해 남성과 달리 여성이 유혹적인 것을 드러내는 존재 혹은 영어와 인도네시아어 번역본에서처럼[3] 장신구를 통해 아름다움을 뽐내려는 존재로 그려졌음을 알 수 있다. 30절과 31절의 대조적 구성은 성별 차이에 대한 이슬람의 불평등한 시선을 내포한다고 해석할 수 있다.

《코란》24장 31절과 함께 히잡 착용을 규정하는 내용은 33장 59절 '동맹al-Ahzab'에 나온다.

예언자여, 그대의 아내들과 딸들과 믿는 여성에게 베일을 쓰라고 이르라. 그때는 외출할 때라 그렇게 함이 가장 편리한 것으로, 그렇게 알려져 간음되지 않도록 함이라.

여기서는 명시적으로 여성에게 히잡(베일) 착용을 요구한다. 이 구절을 통해 히잡 착용이 공적 영역에서 의무화됐다는 해석을 도출할 수 있다.

마호메트 사후 이슬람 왕조의 정치적 위상이 확고해지고 이슬람이 사회의 기본 원리로 작동함에 따라 앞의 《코란》 구절은 히잡 착용의 의무화를 뒷받침하는 근거로 이용됐고, 히잡은 이슬람법의 일부로 편입됐다.

히잡에 대한 전통적 해석

24장 31절에 대한 고전적 논쟁은 "밖으로 (자연스럽게) 나타나는 것 외에는"이라는 구절을 중심으로 전개됐다. 이는 옷으로 덮이지 않아도 무방한 신체 부위가 있다는 것을 의미하는데, 그 범위가 어디까지인지는 명시적으로 언급되지 않는다.[4] 그래서 이슬람 학자는 선지자의 언행록인 《하디스Hadith》를 통해[5] 《코란》 내용의 불확실성을 해명하고자 했다. 이 과정에서 대두된

주도적 의견은 노출 허용 부위가 얼굴과 손에 국한된다는 것이었다. 그 근거는 다음과 같다.[6]

선지자를 만나러 온 아부 바카르의 딸 아스마는 얇은 천으로 만든 옷을 입고 있었다. 선지자가 몸을 돌리더니 그녀에게 말했다. "오 아스마여! 여성이 사춘기에 이르면 이것과 이것을 제외하고는 몸을 드러내서는 안 된다." 그러고는 자신의 얼굴과 손(바닥)을 가렸다.

《하디스》의 내용은 노출 허용 부위를 명확하게 규정하는 듯하다. 하지만 이를 둘러싸고 전통 사회의 이슬람 학자 사이에서는 일부 논란이 제기되기도 했다. 이슬람의 법학파 중 말리키Maliki 학파는 손목을, 하나피Hanafi 학파는 발을 노출 허용 범위에 포함한 것이다.[7] 그러나 이견은 있었지만 '아우라awrah(가려야 할 부분)'에서 제외되는 범위는 점차 얼굴과 손(바닥)으로 고정됐고, 남성 중심적 가부장제가 강화됨에 따라 이는 정통 해석으로 자리 잡게 됐다.

《코란》 내용의 재해석

20세기 중반 이후 전통적인 해석과 대비되는 시각이 등장했다. 근본(원리)주의, 급진주의 경향의 무슬림은 경전의 내용을 철저히 문자 그대로로만 이해하려고 했다. 도둑질한 자를 단죄할 때 손목을 자르라(5장 39절)는 《코란》의 내용 그대로 형벌을 가해야 한다는 식이었다. 반면 자유주의, 신근대주의 경향의 무슬림은 경전을 역사적이고 맥락에 맞게 해석하고자 했다. 도둑질한 자의 손을 자르라는 구절은 《코란》 계시 당시의 아랍 상황에 부합하는 것이므로 이와 상이한 법적, 관습적 전통을 가진 곳에서는 도둑질한 자에게 벌을 내리라는 의미로 이해해야 한다는 식이다.[8]

새로운 종교적 입장은 히잡 해석에서도 차이를 보였다. 근본(급진)주의적 무슬림은 전통적 해석을 더욱 엄격하게 적용해 아우라를 신체의 모든 부위로 확장하려 했다. 하지만 자유주의적 무슬림은 노출 기준을 특정 지역에서 관습적으로 요구되는 정숙함으로 설정했다. 둘 다 《코란》을 거론했는데, 자유주의적 무슬림은 의복이 종교적으로 규정돼야 하는 중요한 삶의 문제가 아님을 먼저 지적한다. 중요한 문제일 경우 관련 내용이 반복되는 《코란》의 서술 방식으로 볼 때 옷이나 집, 운송수단에 대한 언급이 많지 않다는 것은 그것을 종교적 의무로 규정하기 어렵다는 의미다. 따라서 옷차림과 아우라는 특정 시대, 특정 지역의 관습에 따라 규정돼야 하는 문제라고 주장했다.[9]

의복이 중요한 종교적 문제가 아님을 주장함과 동시에 자유주의적 무슬림은 히잡에 대한 《코란》 구절을 재해석했다. 24장 31절에서 이들이 주목한 구절은 "가슴을 가리고 머릿수건을 써서"였다. 한글 번역본의 '가슴'에 해당하는 아랍어는 '주읍juyub'인데, 이 단어의 원래 의미는 '갈라진 틈', '골'이다. 전통적 해석으로는 가슴골을 지시하는 것으로 이해된다. 그리고 이것이 확장돼 가슴을 가리라는 명령으로 해석됐다. 이들은 이 어휘의 원래 의미에 주목했다. 즉 '주읍'은 가슴이라는 제한적 의미가 아니라, 신체 부위가 겹쳐져 갈라진 틈새처럼 보이는 가슴골, 사타구니, 엉덩이, 겨드랑이를 말하며, 이를 확대 적용하면 신체의 부끄러운 부분을 가리킨다는 것이다. 또 이들은 '머릿수건'에도 차별적인 의미를 부여한다. 《코란》에 쓰인 어휘는 '키마르khimar'인데, 이는 베일보다는 몸을 가리는 천을 말한다.[10]

가슴과 머릿수건의 의미를 이처럼 확장하면 가려야 할 부위가 확대될 수도 있지만, 실상은 그와 반대되는 해석이 도출된다. 가슴을 가리고 머릿수건을 쓰라는 전통적 해석은 부끄러운 부분을 천으로 가리라는 해석으로 전환된다. 아우라가 《코란》

에 명시적으로 제시돼 있지 않다는 사실을 상기하면 자유주의적 무슬림의 해석은 특정 지역에서 통용되는 부끄러움의 기준에 맞춰 옷을 입으라는 도덕적 훈계라고 할 수 있다. 이렇게 재해석하면 다음과 같은 결론에 도달한다.[11]

우리는 베일을 쓰지 않거나 혹은 손을 드러내는 사람이 종교 교리를 위반했다고 주장할 수 없다. 《코란》은 아우라가 어디까지인지 언급하지 않고 있지 않은가.

33장 59절에는 "(예언자의) 아내들과 딸들과 믿는 여성에게 베일을 쓰라고 이르라"라고 하여 히잡 착용 의무를 명시했다. 한글 번역본에서는 베일의 원래 표현이 '질라바브'임을 지적한 후, 그것이 '몸 전체를 감추는 또는 목에서 가슴까지 가리는 넓은 옷'을 가리킨다고 설명한다. 이는 전통적 해석에 기초한 것으로, 얼굴을 제외한 부위를 넓은 천으로 가리라는 뜻으로 이해된다.

하지만 자유주의적 무슬림은 질라바브를 머리덮개가 아니라 몸을 둘러싸는 행위 혹은 그 천을 말한다고 해석한다.[12] 그렇다면 59절 역시 옷을 정숙하게 입고 외출하라는 훈계로 규정할 수 있다.

59절에서는 질라바브의 착용 이유를 "그렇게 함이 가장 편리한 것으로 그렇게 알려져 간음되지 않도록 함이라"라고 설명한다. 자유주의적 무슬림은 이 구절의 맥락을 추적한다. 그들이 주목한 점은 이 구절이 계시될 당시의 불안한 치안 상태 그리고 노예처럼 히잡 착용이 불허된 여성의 존재다. 이런 점을 고려한다면 히잡은 이슬람 공동체에 소속돼 있다는 것, 성적 희롱과 괴롭힘의 대상이 될 수 없는 여성이라는 것을 보여주는 기능을 가진다고 해석할 수 있다.[13] 이는 당시와 다른 현재 무슬림 사회의 히잡을 전통적 해석과 다르게 이해할 여지를 제공한다. 치안이 안정되고 여성 간의 신분상 차이가 존재하지 않는 곳에서 히잡 착용은 의무라기보다 관습에 따른 선택으로 규정될 수 있다는 뜻이다.

《코란》이 쓰일 당시의 상황을 경전 해석 과정에 포함하려는 자유주의적 무슬림은 보통 '히잡 구절'이라고 명명되는 《코란》 33장 53절에도 동일한 방식을 적용한다. 여기에는 "너희는 선지자의 부인으로부터 무엇을 요구할 때 가림새를 사이에 두고 하라"라는 내용이 나온다. 한글 번역본에 있는 '가림새'는 아랍어 '히잡'의 번역어다. 전통적으로는 이 구절의 히잡을 남성과 여성의 공간적 분리, 나아가 여성의 공간적 격리를 의미하는 것으로 해석한다. 즉 여성의 활동이 집 안으로 제한되고 공적 영역에서의 활동이 용인될 수 없다는 주장을 이 구절을 통해 뒷받침했다. 하지만 맥락을 고려하는 자유주의적 무슬림은 대안적 해석을 제기한다. 이들은 마호메트의 부인이 자유롭게 여행하고 전쟁에 참여하기까지 했음을 거론하면서 53절의 내용이 공간적 격리가 아닌 타인의 집을 방문할 때의 예절을 언급한 것이라고 주장한다.

자유주의적 무슬림은 히잡 착용을 뒷받침하는 근거로 오랫동안 이용된 《코란》 구절을 새롭게 해석하려 했다. 하지만 영향력이 강하지 못한 이들의 해석은 히잡에 대한 주도적 견해로 부상하지 못했다. 히잡과 여성의 아우라에 대한 전통적 해석이 이슬람 담론을 주도해온 것은 사실이지만, 자유주의적 무슬림의 해석은 히잡이 상이한 지향을 가진 무슬림 사이의 경합 대상이 될 수 있음을 확인해준다.

히잡과 여성의 미

얼굴과 손을 제외한 신체 모두를 가려야 한다는 전통적 해석은 여성의 몸에 대한 남성 중심적 시각에 기반을 둔 것이다. 이 시각에 따르면 여성의 몸은 남성의 성충동을 불러일으키는 유혹

덩어리이며, 결혼제도 안에서만 용인되는 남녀 간 성관계 규정을 위반하게 만들 수 있는 위험 요소다. 그 대응책 중 하나는 남성 스스로 여성의 신체적 유혹에 넘어가지 않도록 인내력을 키우는 것이다. 그 내용은 《코란》 24장 30절에 담겨 있다. 시선을 낮추고 정숙하라는 내용이다.

이렇게 남성을 대상으로 한 대응책이 존재하는데도 전통적 해석에서 강조한 대처 방안은 여성에 대한 통제였다. 그리고 히잡은 이를 가능하게 하는 주요 기제였다. 그들은 여성의 매혹적인 몸을 가림으로써 종교적으로 허용되지 않는 남녀 간 성관계를 억제할 수 있다고 여겼다.

여성에 대한 통제를 통해 남성의 성충동과 혼외 성관계 문제를 해결하고자 했던 전통적 시각은 여성의 히잡뿐 아니라 멋 내기에도 적용됐다. 공적 영역에서의 미적 표현과 행동의 금지는 '타바루즈tabarruj'라고 하는데, 이와 관련한 《코란》의 내용은 다음과 같다.

33장 33절: 옛 무지의 시대처럼 장식해 내보이지 말며…….

24장 31절: 밖으로 (자연스럽게) 나타나는 것 외에는 (……) 유혹하는 어떤 것도 보여서는 아니 되니라. (……) 여성이 발걸음 소리를 내어 유혹함을 보여서는 아니 되나니…….

33장 33절에서 여성이 자신의 미를 뽐내고 다녔던 이슬람 도래 이전의 상황은 '무지의 시대'로 정의된다. 24장 31절에서는 앞서 살펴본 대로 미적 표현이 히잡과의 관련성 속에서 제시된다. '유혹하는 어떤 것'도 보이지 않아야 한다는 한글 번역본과 달리 영어 번역본은 이를 '부끄러운 부분을 보호하고(감추고) 장신구를 드러내지 않는 행위'로 구체화한다. 31절 전반부가 외부로 드러나는 장신구와 관련된 반면, 후반부는 소리 나는 장신구를 옷으로 덮어 발목에 부착하고 다녔던 관행과 연결되며, 보이지 않는 장신구조차 통제의 대상이 될 수 있음을 시사한다.

24장 31절의 내용은 장신구 사용을 금지하는 듯하지만, 자연스럽게 밖으로 드러나는 부위의 모호함 때문에 그 의미상의 명확성은 높지 않다. 또 노출이 용인된 얼굴과 손에는 장신구를 이용할 수 있는지의 여부 역시 명확하지 않다.

전통적 해석은 24장 31절의 내용을 여성의 미적 표현을 금지하라는 뜻으로 이해했고, 그것을 모든 신체 부위에 적용했다. 이러한 주장을 뒷받침하기 위해 전통적 입장의 이슬람 학자는 《하디스》에 제시된 선지자의 언행을 인용했다. 이들이 주목한 《하디스》의 내용은 다음과 같다.

얼굴 제모 치아 교정   (선지자에 따르면) 알라는 (……) 얼굴에서

털을 제거하는 여성 그리고 아름답게 보이고자 치아 사이에 간격을 만드는 (치아를 곧게 만드는) 여성을 저주한다.

문신   어떤 남성이 문신한 여성을 우마르(Umar)에게 데려와 의견을 물었다. 우마르가 답했다. "나는 선지자가 이야기하는 것을 들었다. 문신을 시술하지도 말고 자신에게 문신을 하지도 마라."

가발   홍역에 걸려 머리털이 빠진 딸을 혼인시키고자 한 여성이 가발 착용에 대해 선지자에게 물었다. 선지자가 말했다. "알라는 머리털을 인공적으로 만드는 여성을 저주한다."

향수   (선지자에 따르면) 향수를 뿌린 여성이 다른 사람을 지나치며 향수 냄새를 풍기면, 이는 간통을 저지르는 일이다.

《하디스》에는 제모와 치아 교정, 문신, 가발과 향수를 금지하는 규정이 있다. 아랍 사회의 미적 관행을 선지자가 금지한 이유는 아름다움을 가꾸고 뽐냄으로써 여성이 남성을 유혹하고 이로써 '용인되지 않는 성관계를 초래할' 수 있기 때문이다. 또 신체적 특징의 변형이 '피조물로서의 인간의 위치를 부정함으로써 창조주에게 도전하는 행위'로 비칠 수 있다는 점 역시 그 근거로 거론됐다.[14]

제모와 문신 같은 관행은 금지됐지만, 모든 미적 표현과 멋내기가 금지된 것은 아니었다. 이것을 보여주는 선지자의 언행 역시 《하디스》에 나온다. 콜kohl(눈 주위에 입히는 검은 가루), 헤나 henna(염료), 반지 등과 관련된 《하디스》의 내용을 살펴보면 다음과 같다.

콜 (선지자에 따르면) (……) 남편이 사망한 여성은 넉 달 열흘 동안 애도해야 하며 (이 기간 동안) 눈에 콜을 이용해서는 안 되며 (……) 특별한 형식의 옷을 입을 수 있다.

헤나 선지자에게 건네줄 편지가 있음을 알리기 위해 한 여성이 커튼 뒤에서 (손을 내밀어) 신호를 보냈다. 선지자가 그 손을 쥐면서 말했다. "이게 남성의 손인지 여성의 손인지 모르겠군요." 그녀가 말했다. "여성입니다." 선지가가 말했다. "여성이라면 헤나를 이용해서 손에 차이가 있도록 하세요."

반지 나자시라는 사람이 보석을 보내왔다. 그중에는 에티오피아 보석이 박힌 금반지가 있었다. 선지자는 그것을 (혐오스럽다는 듯) (……) 손가락으로 잡더니 그의 딸을 불러 말했다. "이것을 끼어라, 내 딸아."

보석과 비단 선지자는 부인에게 보석과 비단을 사용하지 말도록 이야기하곤 했다. 선지자가 말했다. "만약 천국의 보석과 비단을 원한다면, 이 세상에서는 그것을 사용하지 마라."

비단과 금 선지자가 우리에게 올 때 한 손에는 비단 천을, 다른 손에는 금을 들고 있었다. 그리고 말했다. "이것들은 남성에게는 금지된 반면 여성에게는 허용된다."

히잡을 쓴 여성에게 외부로 자연스럽게 드러나는 신체 부위는 얼굴과 손이다. 《하디스》는 눈 주위의 치장과 관련된 콜이나 손의 치장과 관련된 헤나를 사용할 수 있음을 말해준다. 콜은 속눈썹과 눈꺼풀, 눈썹 등 눈 주위에 색을 입히는 것으로 구리, 철, 망간, 납을 갈아서 만든 재료가 이용됐다.[15] 《하디스》의 기록에 따르면 콜은 선지자가 의료용으로도 사용했기 때문에 이를 마스카라와 같은 눈 화장품과 동일시할 수는 없다. 하지만 남편의 사망 후 일정 기간 동안 콜 사용을 금지한 《하디스》의 기록을 역으로 해석한다면, 콜이 일상에서 여성에게 용인되는 미용 방식이었음을 추론할 수 있다. 헤나는 식물에서 추출한 적갈색 염료로, 손톱과 손을 장식하는 데 이용됐다. 편지를 전달한 여성에게 헤나 이용을 권하는 《하디스》의 내용을 통해 그것이 용인되는 관행이었음을 추정할 수 있다.

콜과 헤나가 눈과 손의 단장에 이용될 수 있었다는 사실은 중요한 의미를 가진다. 특히 의료 기능이 뚜렷하지 않은 헤나의 사용은 개인 취향에 따른 여성의 미적 표현이 어느 정도 허용됐음을 보여주는 것으로 이해할 수 있다.

헤나로 장식한 손

반지와 보석에 대한 《하디스》의 기록은 일관성이 없다. 에티
오피아산 보석이 박힌 반지를 딸에게 주었다는 기록이 있는가
하면, 부인의 보석 착용을 꾸짖었다는 기록도 있다. 비단 역시
유사해서 여성의 비단 착용을 허용하는 언급과 동시에 그것을
불허하는 기록도 있다. 이와 같이 상이한 《하디스》의 내용은 치

장과 멋 부리기가 상황에 따라 가변적임을 뜻하지만, 전통적 해석은 이를 장신구 금지 쪽으로 규정하려 했다. 이 과정에서 전통적 해석의 무슬림이 직면한 문제는 《코란》이 아름다움의 추구를 인간의 자연스러운 욕망으로 설명한다는 점이다. 이와 관련된 《코란》 7장 32절의 내용은 다음과 같다.

> 이르라. "하나님께서 그분의 종들을 위해 만드신 하나님의 장식과 그분께서 주신 선한 것을 누가 금했느냐?" 이르라. "그것들은 현세에서 믿는 자를 위한 것이며 부활의 날에 오로지 그들을 위한 것이니라."

장식물은 인간을 위한 것이라는 구절을 24장 31절의 장신구 금지 규정과 맞추기 위해 전통적 해석은 공사 구분의 개념을 도입했다. 즉 사적 영역에서 여성은 자유롭게 치장할 수 있지만, 공적 영역에서는 치장이 제한된다는 것이다. 예를 들어 《이슬람과 현대 여성의 문제》라는 책은 "이슬람은 여성의 치장을 금지하지 않는다"라는 구절로 시작한다. 이후 의복, 액세서리, 향수, 화장에 대한 설명이 차례로 나오는데, 이 모두가 여성에게 허용된다고 말한다. 화장(분, 파운데이션)에 대한 서술을 보면, 분이나 유사한 종류의 화장품으로 치장하는 행위가 종교적인 죄는 아니라고 설명한 후, 그것이 피조물의 형태를 변경하지만 영속적이지 않기 때문에 문제가 될 수 없다는 견해를 추가한다. 하지만 치장에 적용되는 포괄적 규정도 제시한다.[16]

여성에게 허용되는 치장과 장식은 단지 남편을 즐겁게 하고 부인에 대한 남편의 사랑을 배가하기 위해서만 가능하다. 이슬람에서는 남편 이외의 남성을 대상으로 한 어떤 형식의 그리고 어떤 곳에서의 치장도 허용되지 않는다. (······) 정리하면, 남편이 아닌 사람에게 드러나는 치장은 허용되지 않는다.

전통적 해석에 따르면 무슬림 여성의 멋 내기는 사적인 영역에서 남편을 대상으로만 이루어져야 한다. 이는 미혼 여성에게도 적용돼서 아버지나 남자 형제 등과 같이 노출이 허용된 대상을 제외한 남성에게 드러나는 멋 내기는 용인되지 않는다.

여성의 미적 표현을 용인하는 《하디스》의 기록을 남성 중심적 시각에 기초해 해석함으로써 전통적 이슬람 학자는 공적 영역에서의 미적 표현을 금지하는 방향으로 교리를 이해했다. 이러한 의도에 따라 치장에 대한 언급이 직접적으로 나오지 않는 《하디스》조차 여성의 자기표현을 제약하기 위해 이용됐다. 즉 "이교도의 방식을 좇는 사람은 이교도와 동일하다"라는 기록이 그것이다. 이를 복장에 적용하면, 이교도 여성의 복장이나 치장을 따라하는 행동은 금지된다는 결론이 나온다. 같은 맥락에서 여성을 모방하는 남성 그리고 남성을 모방하는 여성을 신이 저주했다는 기록은[17] 남녀 간 복장 분리를 요구하는 가르침으로 이해했다.

이렇게 경전의 내용을 문자 그대로 적용할 경우 현대 사회에서 무슬림 여성의 자기표현권은 극도로 축소된다. 예를 들어 바지가 서양 남성의 옷으로 인정될 경우 무슬림 여성의 바지 착용은 이교도 모방과 남녀 구분이라는 교리 모두를 위반한 행위가 된다. 전통적 해석을 충실하게 따를 때 나타날 상황은 다음과 같이 요약할 수 있다.[18]

(금지된 것에는) 겉으로 드러나는 머리털, 미용실에서 정성스레 꾸민 헤어스타일, 머리핀과 가발, 기초화장, 분, 색조 화장, 눈 화장과 마스카라, 손톱 매니큐어나 에나멜, 몸매가 드러나는 모든 종류의 옷, 서구적이라고 통용되는 모든 의복 그리고 특히 서구적 의미에서 패션을 좇으려는 의도를 가진 모든 복장이 포함된다.

여성의 멋 부리기를 사적 영역으로 제한하고 남편을 대상으로 한 미적 표현만을 허용하는 해석은 남성 중심적 관점에 기반을 둔 전통적 학자의 견해다. 이와 다른 방식으로 여성의 자기표현을 이해하려는 경향이 현대에 접어들어 대두했다. 이 입장에 따르면 문제는 특정 사회에서 용인되는 정숙함의 범위를 넘어서는 과도한 멋 내기이지 여성의 치장 자체가 아니다. 예를 들어 중도 보수 성향의 인도네시아 이슬람 단체 무함마디야 Muhammadiyah 는 여성의 치장과 관련된 가장 중요한 점으로 사회적 적절성을 지적하고, 그것이 과도하지 않고 뽐내려는 의도에 기반을 두지 않는다면 용인될 수 있다고 말한다. 무함마디야는 여성의 멋 내기 규정을 이렇게 설명한다.[19]

복장과 치장을 드러내는 데 지나친 과도함이 문제가 되는데, 이는 단순히 양적인 다소에 달려 있지 않다. (……) 이슬람은 본능에 부합하도록 여성이 자기 자신을 꾸미는 행위는 금지하지 않는다. 적절한 범위 내에서 그리고 좋은 의도를 가지고 자신을 꾸미고 아름답게 하는 행동은 허용된다.

여성의 치장과 관련해 무함마디야는《하디스》의 기록을 언급하면서 베일을 착용하고 향수를 사용하지 말며 이슬람 이전 시대의 여성과 다르게 입어야 한다고 강조한다. 하지만 무함마디야는 이를 멋 내기 전반으로 확장하지는 않는다. 그것은 무함마디야의 해석이 남성 중심적 관점에 따라 추동되지 않았기 때문이다. 즉 맥락에 따른 재해석을 강조함으로써 복장에 대한 이슬람의 가르침을 예절과 품위의 문제로 이해한 것이다.[20] 복장 문제에 대한 무함마디야의 이러한 유연한 태도는 아랍이 아닌 지역의 무슬림이 아랍식 복장을 따르지 않아도 된다는 결론으로 이어진다.[21]

장식으로서의 복장은 그것을 착용하는 사람의 아름다움에 대한 느낌과 취향에서 자유로울 수 없다. 과거 아랍 여성은 발 가리개와 같은 것을 필요로 했는데, 이는 그것이 아름답다고 여겨졌을 뿐 아니라 그곳의 기후에 부합했기 때문일 것이다. 하지만 이는 아랍이 아닌 지역에 거주하는 여성 혹은 현재의 아랍 여성이 그것을 착용해야 한다는 사실을 의미하지 않는다.

미적 표현과 멋 내기의 자유를 좀 더 명시적으로 지지하는 무슬림, 특히 여성주의 경향의 무슬림이 주목한 사례는 마호메트의 부인 중 하나인 아이샤의 질녀 아이샤 빈트 탈하다. 그녀는 히잡을 쓰지 않았을 뿐 아니라 자신의 아름다움을 드러내는 데 적극적이었다. 그녀는 신이 자신에게 아름다움을 주었기 때문에 그것을 다른 사람에게 숨기는 일이 적절치 않다고 주장했다.²² 그녀의 사례는 미적 표현이 초기 이슬람 공동체에서 크게 문제시되지 않았음을 보여준다.

미적 표현의 자유를 체계적으로 뒷받침하려는 무슬림은 남녀 평등이라는 이슬람의 원칙을 강조한다. 남성과 여성의 본성이 차이 나지 않게 창조됐음을 부각함으로써 이들은 여성의 몸을 유혹덩어리로 간주하고 미적 표현을 금지해야 한다는 남성 중심적 해석을 비판한다. 또 여성의 순결함과 정숙함을 남성의 책임으로 규정하려는 전통적 해석을 비판하고, 미적 표현이 여성 자신의 책임임을 강조한다.²³

(여성의 정숙과 격리를 주장하는) 이들은 교도관의 손에 자신을 맡겨버린 여성상을 제시한다. 이 교도관이 한순간만이라도 부주의하거나 부재하다면, 그녀는 우리에서 도망쳐 나와 나쁜 일에 빠져버리거나 기뻐 날뛰게 되거나 길에서 그녀를 처음 본 사냥꾼의 그물에 걸려버리게 되는 (이미지를 제시한다). (……) 과거에도, 지금도 나는 말할 것이다. 그렇지 않다! 이것은 여성의 진정한 모습이 아니다. 이것은 남성이 만들어놓은 이미지일 뿐이다.

전통적, 남성 중심적 해석에 비판적인 무슬림은 여성의 멋 내기, 미적 표현의 금지가 《코란》에 적시돼 있지 않으며, 그와 관런된《하디스》의 기록 역시 가변적임을 지적한다. 따라서 여성의 몸을 유혹적인 것으로 규정하고 그것의 외적 표현을 억압하려는 시도는 남성 이데올로기를 종교적 가르침에 부합하지 않는 방식으로 강제하는 것이다. 이들에 따르면 남성이 여성의 행동에 대한 책임을 부여받고 그 의미를 재단하는 것은 올바른 교리 해석이 아니다.

자유주의, 여성주의 경향의 무슬림은 여성의 멋 내기 목적이 남성을 유혹하는 것에 있다는 해석을 비판한다. 여성의 멋 내기는 다의적이며, 자기표현의 하나로서의 꾸미기는 종교적으로 용인되는 행동이다. 이들에 따르면 "공적 영역에서 무슬림 여성은 세속적일 수 있고, 현대적일 수 있고, 여성적일 수 있고, 소극적일 수 있고, 종교적일 수"[24] 있는데, 어느 것이든 그녀가 자신의 책임하에 선택한 결과로 이해해야 한다.

은폐와 표현 사이에서:
무슬림 여성의 미

선지자 마호메트의 극적인 초월적 경험은 천국 여행이었다. '이스라-미라즈Isra-Mi'raj'라 불리는 이 여행에서 마호메트는 날

개 달린 천마를 타고 메카에서 예루살렘으로 그리고 천국으로 승천했다. 그의 여행 기록은 이후 이슬람 사회의 스토리텔링 소재가 됐고, 다양한 이야기로 만들어져 전승됐다. 구전 설화에 따르면 지옥을 방문한 마호메트는 남성보다 훨씬 많은 수의 여성이 고문받고 있음을 발견했다. 그 이유는 주로 복장 때문이었다. 복장과 치장 관련 규정을 위반한 여성이 남성보다 많아서 지옥에서 고통받는 여성이 더 많다는 것이다. 이와 관련된《하디스》의 기록은 다음과 같다.[25]

지옥으로 들어갈 사람이 속한 집단은 (……) 옷을 입었지만 벗은 것 같고, 걸을 때 춤추듯 몸을 흔들고, 머리를 낙타의 혹처럼 만든 여성이다. 이러한 여성은 천국에 들어가지도 (……) 천국의 향기도 맡지 못할 것이다.

멋을 부리고 아름다움을 뽐내는 여성이 지옥에서 고통받을 가능성이 높다는 의미로 이 기록을 해석할 수 있지만,《하디스》에는 이와 다른 기록도 있다. 마음속에 개미만큼의 무게라도 오만함을 가진 사람은 천국에 들어갈 수 없다고 선지자가 말하자, 옆에 있던 사람이 아름다운 옷과 신발을 신은 사람의 운명에 대해 물었다. 아름다움을 뽐내는 것 역시 오만함의 특징이 아닌지

묻는 질문에 선지자는 "알라는 아름답고, 아름다움을 사랑하신다"라고 대답하며 아름다움을 추구하고 표현하는 행위가 칭찬받을 일임을 지적했다.[26] 이렇듯《하디스》의 기록은 일관적이지 않다. 하지만 상당수의 무슬림은 모순된 것처럼 보이는《하디스》의 기록을 그렇지 않다고 여기는데, 이들은 문자 그대로의 해석이 아니라 교리의 취지가 고려된 상황적 해석을 적용하기 때문이다.

여성의 베일 착용과 미적 은폐를 중시하는 무슬림에게 아름다움의 추구와 표현이라는 인간의 본성은 몸을 통해 이루어질 필요가 없다. 시나 음악, 모스크나 장식물을 통한 충족이 얼마든지 가능하기 때문이다. 그러나 여성의 자유로운 미적 표현, 남녀평등을 중시하는 무슬림은 지옥의 여초 현상을 문자 그대로 이해해서는 안 된다고 주장한다. 즉 지옥의 여초 현상은 특정한 행위의 문제점을 지적하기 위한 것이지, 지옥과 성의 연관성을 설명하려는 것이 아니기 때문이다. 최대한 문자 그대로 수용한다 해도《하디스》의 지옥 기록은 선지자 방문 당시의 모습일 뿐, 그것이 현재까지 이어진다고 말할 수는 없다. 이들의 설명은 이렇게 이어진다.[27]

《하디스》의 기록은 신비로운 여행에서 선지자가 본 내용만을 포함했기 때문에 그 당시의 상태가 계속 유지된다고 말할 수 없다. 천국에 여성이 적은 상황은 (마호메트가 방문했을 당시의) 모습일 수 있으며, (이후) 여성이 천국에 더 많아졌을 수도 있다. 다른《하디스》에는 천국에 여성이 남성보다 많다는 기록이 존재한다.

지옥의 여초 현상에 대한 상이한 입장은 이슬람 교리 해석에 사회종교적 상황이 차지하는 중요성을 말해준다. 남성 중심적 해석이 주도적일 때 히잡 착용의 강제성, 여성의 미적 표현 금지는 논란의 여지가 없는 교리로 간주되며, 그것과 일치하지 않는《하디스》의 기록은 남성 중심적 시각에 부합하도록 재해석된다. 반면 자유주의, 여성주의 경향의 무슬림은 여성의 미적 표현에 대한 억압이 이슬람 교리에 대한 편향된 해석이라고 주장한다. 이들은 여성의 미적 은폐를 이슬람의 절대적 가르침으로 규정할 수 없다고 말한다.

극소수의 학자만이 경전을 이해했고 이들이 '정통 해석'을 독점했던 과거와 달리 수많은 사람이 손쉽게 경전에 접근할 수 있는 현대에는 대안적 해석의 생산과 유통, 확산이 가속화되고 있다. 이러한 변화에 따라 무슬림 여성의 미적 표현을 억압하는 데 이용돼온 교리가 상이한 방식으로 재해석될 가능성은 높아졌다. 히잡 관련 교리를 지역 상황에 맞는 복장을 권장하는 가르침으로 해석하려는 무슬림에게 여성의 멋 내기와 자기표현은 과도하지 않은 범위 내에서 용인될 수 있는 행동으로 받아들여 진다.

1970년대 이후 현재까지 대다수 이슬람 사회에서는 경전 중심적, 남성 중심적 해석의 대중적 영향력이 점진석으로 확대되는 경향이 나타났다. 하지만 이와 동시에 인터넷을 통한 정보 유통의 다양화, 일반인의 경전 접근 기회 확대, 전 지구화 과정을 통한 다원적 정보의 대량 생산과 유통 등은 문자 그대로의 해석에서 벗어난 대안적 해석을 확산시킬 기반 역시 공고히 했다. 이러한 거시적 변화로 인해 히잡 착용을 강제하는 종교적, 정치적, 사회문화적 전통이 명확히 확립돼 있지 않은 지역에서는 여성의 미적 표현이 새로운 해석과 실천의 대상으로 자리 잡게 됐다.

인도네시아
히잡의 역사적 전개:

2000년대까지

3

●

2억 6000만 명에 이르는 인도네시아의 인구 중 87퍼센트는 무
슬림으로, 17억 명 정도로 추산되는 세계 무슬림 인구의 13퍼
센트를 차지한다. 인도네시아로 이슬람교가 본격적으로 유입된
시기는 14~15세기이며, 15세기 말에 이르러 이슬람 왕국이 출
현했다. 이슬람 왕국이 공고해진 16세기 이후 대다수 지역에서
이슬람교로의 개종이 이루어졌다.

이슬람교 전파를 주도한 집단은 동남아시아와 인도를 잇는
국제 교역에서 활약한 무슬림 상인이었다. 개종 과정에서 물리
력이 행사됐다는 기록은 거의 없으며, 주로 정치지도자의 개종
후 일반 대중이 이를 자연스럽게 따라가는 형식이었다. 이로 인
해 개종은 급격한 종교적, 사회문화적 변화를 야기하지 않았고,
이전의 종교인 힌두–불교나 토착 종교 전통과 이슬람교가 조화
롭게 혼재하는 상황이 전개됐다. 이러한 종교적 지형은 서구의

정치군사적 우위가 확립된 17세기 이후 19세기까지 큰 변화 없이 유지됐다. 포르투갈, 에스파냐와의 경쟁에서 승리해 인도네시아의 식민화를 주도한 네덜란드는 기독교 선교에 큰 관심을 두지 않았고, 오히려 무슬림 밀집 지역으로의 기독교 확산을 저지하기까지 했다.

종교적 혼합 상황이 유지됨으로써 이슬람에서 강조되는 실천, 즉 예배나 금식 같은 기본적 의무는 종교지도자를 중심으로 한 제한된 집단에서만 준수됐고, 대중으로의 침투는 더디게 이루어졌다. 이는 여성의 복장에도 적용됐다. 히잡은 일상복으로 수용되지 않았고, 의례를 치를 때도 머리털과 목의 일부만을 가리는 스카프 형식의 크루둥이 이용됐다. 식민시기를 거치는 동안 서구식 복장이 인도네시아인에게 더 많은 영향을 끼쳐서 셔츠와 바지가 일상복으로 수용됐다.

전통 사회의 복장과
이상적 미인상

19세기 초 영국이 인도네시아를 잠시 점령했던 시기에 부총독으로 파견된 토머스 래플스Thomas Stamford Raffles는《자바의 역사History of Java》라는 책을 남겼는데, 이 책에 '종교지도자는 하얀색 옷을 입고 아랍식 터번과 유사한 장식을 머리에 썼다'는 내용이 나온다. 이것을 제외하면 인도네시아인의 복식에 나타나는 이슬람의 영향은 뚜렷하지 않다.

여성의 하의는 허리에서 발목에 이르는 긴 치마 형태였고, 가슴 위쪽에서 허리까지를 큼반kemban이라는 천으로 둘러쌌다. 그 위에 소매가 손목까지 내려오고 상체를 덮는 가운 형식의 클람비kelambi를 입었다. 머리에는 히잡을 쓰지 않았고 머리는 여러 방식으로 묶어서 관리했다.

래플스에 따르면 복식에서 계급적 차이는 크지 않았고, 귀족 여성이 좀 더 좋은 품질의 천과 장신구를 사용하는 정도로만 차이가 났다. 전체적으로 전통 사회의 여성 복장은 가슴 윗부분, 머리털, 목과 얼굴이 노출되고 몸매가 드러나는 형태였다.

래플스의 책에는 전통 사회의 미인상을 서술한 운문 형식의 글이 채록돼 있다. 여기서 미인은 힌두교의 미의 여신 데위 라티에 비유돼 달처럼 밝고 모자란 부분이 없는 여성으로 묘사됐는데, 그 첫 부분은 이렇게 시작한다.[1]

그녀의 머리털은 짙은 곱슬머리로 발까지 풀어헤쳐져 물결치듯 흐른다. 안면의 짧은 머리는 고르게 내려와 있고 이마는 튼다나

cendana(단향)를 닮았다. 눈썹은 임보imbo 나뭇잎 같고, 눈꼬리는 예각이며 약간 늘어져 있다. 눈동자는 눈을 가득 채우며 눈썹은 위쪽으로 조금 구부러져 있다. 눈물이 눈에서 흐를 듯하지만 흐르지는 않는다. 코는 날카롭고 치아는 풍뎅이처럼 검다.[2] 입술은 갓 자른 망고스틴 껍질 색을 띤다. 치아는 고르고 반짝인다. 뺨은 두리안 과육의 모습을 취하며 아래쪽이 조금 나와 있다. 귀는 기안티gianti 꽃처럼 아름답고, 목은 어리고 우아한 가둥gadung 꽃잎 같다.

미인을 묘사하는 첫 부분은 얼굴에서 시작한다. 머리털, 이마, 눈썹, 눈꼬리, 눈동자, 코, 입술, 이, 뺨, 귀, 목의 이상적 아름다움을 자연물, 특히 식물과 비교한다. 각 부위의 형태가 우선시되지만 색과 상태 역시 중시돼서 눈물이 흐를 듯하지만 흐르지 않는 촉촉한 눈을 이상적으로 그렸다. 얼굴 묘사는 곧이어 몸매로 이어진다.

그녀의 어깨는 평평하고 균형 잡혀 있으며, 가슴은 잘 펼쳐져 있고 풍만하다. 완전히 둥글고 상아와 같은 유방은 안쪽으로 쏠려 있다. 팔은 활처럼 부드럽고, 길고 나긋나긋한 손가락은 숲 속의 가시처럼 가늘다. 손톱은 진주와 같고, 피부는 밝은 노란색이며, 허리는 칼집에서 끄집어낸 단도kris와 같다. 엉덩이는 뒤집은 리마스limas 잎

큼반과 사룽을 착용한 자바 여성

같다. 다리는 아래쪽으로 매달린 푸닥pudak 꽃의 형상을 닮았고, 발은 평평하며, 걸음걸이는 부드럽고 코끼리처럼 위풍당당하다.

미인의 몸매는 가슴, 팔, 허리, 엉덩이, 다리, 피부 등으로 나누어 서술하는데, 팔과 발의 설명이 자세하다. 팔의 모습뿐 아니라 손가락과 손톱 그리고 다리의 모습과 발, 걸음걸이까지 평가의 대상이 된다. 몸매는 동식물에 비유됐는데, 코끼리의 모습에 비유한 것은 우리가 쉽게 상상할 수 없는 것이다.[3]

미인의 얼굴과 몸매가 자연미를 표현한다면, 의복과 장신구는 꾸미는 아름다움에 속한다. 즉 자연미와 멋 내기를 통한 꾸밈의 미가 통합적으로 적용된 것이다. 복장에 대한 설명은 다음과 같다.

그녀는 초록색의 인도산 직물로 만든 치마를 입고 허리 주변에는 금색 띠를 둘러 고정한다. 겉옷은 어두운 구름문양이 새겨진 천으로 만들었다. 상의의 가장자리는 금빛 레이스를 단 징고모시jing'gomosi 패턴으로 장식돼 있다.

치마와 상의, 겉옷뿐만 아니라 장신구 역시 추가돼 반지, 귀고리, 머리장식, 핀, 목걸이, 팔찌가 미적 요소로 평가됐다. 이러한 서술은 자연미와 인공미의 통합으로 여성의 미가 인식됐음을 시사한다. 아름다운 의복과 장식구로 꾸밀 때 여성의 미가 완결된 형태를 취할 수 있다는 의미다.

래플스의 글은 여성의 아름다움이 전통 문학의 소재로도 쓰였음을 보여준다. 일반인 사이에서는 여성의 미 자체보다 외모와 성격, 나아가 성적 특징 사이의 관련성이 중시됐고, 이는 《아스마라가마Asmaragama(성관계학)》라는 책을 통해 전승됐다. 이 책에서는 여성을 외모에 따라 범주화하고, 특정 범주에 속하는 여성의 성격과 성적 특성을 서술했다. 각 유형에서 논의되는 신체 부위가 일관되지는 않지만, 얼굴과 관련해서는 얼굴형, 머리털, 이마, 눈, 코, 입과 입술이, 신체와 관련해서는 몸매, 피부, 가슴, 팔, 다리, 엉덩이 등이 거론됐다. 여성의 걸음걸이, 앉는 자세, 목소리 역시 고려할 대상이었다. 신체적 특징을 평가할 때는 각 부위의 특성과 함께 다른 부위와의 조화에 강조점이 주어졌다. 다음의 인용문은 가장 좋은 평가를 받는 유형인 '그다 세타Gedhah Seta(흰 도자기)'에 대한 설명 중 일부다.[4]

그다 세타 형 여성의 모습은 보기에 즐겁고 관심을 끈다. 여성의 얼굴은 보는 사람을 기쁘게 한다. 눈, 눈썹, 코, 입 그리고 입술이 조화를 이루며, 특히 보기에 좋다. (……) 귀가 상당히 넓지만 균형 잡혀

있어 얼굴과 잘 어울린다.[5]

미를 평가할 때 특정 부위의 특징을 결정론적으로 설명하기보다는 부위 간의 어울림을 강조하는 경향은 래플스의 책에 제시된 설명과 일치한다. 아름다움을 외적인 모습과 행태, 복장이라는 통합적 틀에서 바라보는 것처럼 신체 부위 간의 균형과 조화를 통해 여성의 미, 나아가 여성의 성격과 성적 특성을 통합적으로 밝혀보려는 경향이 나타났다.

미에 대한 《아스마라가마》의 접근에서 주목받지 못한 것은 내면의 아름다움이다. 하지만 전통 자바 사회에서는 외적 아름다움과 내적 아름다움의 조화가 중시됐는데, 이는 자바인의 세계관 형성에 핵심 역할을 한 그림자극을 통해서 확인할 수 있다. 인형을 이용한 그림자극 '와양wayang'은 통과의례, 공동체 의례의 일환으로 공연됐다. 달랑dalang이라 불리는 인형 조종자가 가죽인형을 통해 힌두 서사시와 토착 신화에 기반을 둔 이야기를 공연하는데, 여기에는 전통적, 윤리적, 문화적, 미적 가치가 투영돼 있다.[6]

와양 스토리에 등장하는 주요 여성 인물은 힌두 서사시 《라마야나》의 여주인공 시타와 역시 힌두 서사시인 《마하바라다》의 주인공 아르주나의 부인인 숨바드라와 스리칸디다. 이들에 대한 이야기에서 강조되는 것은 아름다운 외모뿐 아니라 품위 있는 언행 그리고 이를 뒷받침하는 내면의 아름다움이었다. 예를 들어 스리칸디는 18세기 말 자바 왕궁에서 출판된 책에서 다음과 같이 묘사됐다.[7]

스리칸디는 매우 아름다워서 얼굴은 달과 같고, 시선은 매섭지만 달콤하며, 키가 크고 날씬하다. 말하는 것이 자연스럽고, 행동은 공손하며, 매혹적이고, 적당하며, 기질은 품위 있다. 교육과 관련된 글을 읽기 좋아하고, 음성은 젊은 시절 추억의 노래를 듣는 것과 같다. 시간과 장소에 잘 맞는 옷을 입고 모든 여성의 모범이 된다. (……) 그녀는 부드럽고, 화를 내지 않으며, 화가 나도 이를 사랑으로 표현한다.

와양 공연에서 인간의 이상적 속성으로 강조되는 것은 품위다. 이것을 자바어로 '할루스halus'라고 하는데, 할루스는 겉으로 드러나는 모습과 행동 그리고 내면의 상태를 가리키는 말로, 이상적 여성상을 규정하는 핵심 키워드였다.

앞의 인용문에서 묘사한 대로 신체적 할루스는 얼굴과 몸매를 통해 드러나며, 행위적 할루스는 말과 목소리, 복장, 타인에 대한 태도 등을 통해 드러난다. 외적 할루스는 내적 할루스와 연결된다. 전통에서 강조되는 내면의 차원이 곧 정신적 힘이며, 교육과 훈련으로 축적되는 이 힘이 내적 평정과 감정 통제, 품위 있는 언행을 가능하게 한다고 여겼다.

히잡 논쟁의 시작

19세기에 접어들자 서아시아에서 오랫동안 공부하고 돌아온 이슬람 학자에 의해 새로운 경향이 유입됐다. 변화를 알리는 첫 사건은 수마트라섬 파당Padang에서 발생했다. 서아시아에서 돌아온 이슬람 학자는 전통과 이슬람이 혼합된 믿음과 관행, 예배와 금식 같은 의무가 중시되지 않는 상황, 닭싸움이나 노름, 음주처럼 이슬람법으로 금지된 행동이 행해지는 현실에 불만을 품었다. 이들이 문제로 삼은 것 중에는 복장도 포함됐다. 토착복장의 부적절함을 주장하면서 이들은 남성에게는 흰색 옷을, 여성에게는 히잡을 강제했다.[8]

자신들의 주장이 받아들여지지 않자 이들은 무장투쟁을 감행했고, 전쟁은 1821년부터 1837년까지 이어졌다. 결국 네덜란드의 개입으로 이들이 패배하게 됐지만, 그 영향력은 유지돼 여성의 히잡 착용이 파당 지역을 중심으로 지속됐다.

수마트라 여성이 착용한 전통 히잡

출처: http://www.arrahmah.com/foto/perjuangan-panjang-jilbab-di-indonesia.html#image-1

19세기 중후반을 거치면서 서아시아로부터 개혁주의와 근대주의라 불리는 새로운 경향이 들어왔다. 서구 문명을 이교도의 것으로 취급해 극렬히 반대했던 전통 이슬람 지도자와 달리 개혁주의자는 경전을 통해 교리를 해석할 것과 이슬람과 근대적 변화의 양립 가능성을 주장했다.

개혁주의의 영향이 확산되자 1912년 근대식 이슬람 단체인 무함마디야가 창립됐다. 이 단체가 근대 문물을 적극적으로 수용하려 함에 따라 전통주의 단체와의 갈등이 본격화됐다. 두 집단 사이에서 논란이 된 문제 중 하나는 서구식 복장이었다. 개혁주의자가 모자, 바지, 넥타이와 같은 서구식 옷을 입자, 전통주의자는 이교도의 옷을 입는 사람은 이교도와 같다는 《하디스》의 기록을 언급하며 이를 비판했다. 당시 네덜란드 식민지와 기독교도에 의한 통치가 동일시됐음을 고려해보면 전통주의자의 비판은 종교적이면서 정치적인 성격을 띤 신랄한 것이었다. 이러한 비판에 대해 한 개혁주의자는 자신의 입장을 다음과 같이 피력했다.[9]

이슬람은 순례 기간 동안 입는 복장을 제외하고는 (……) 특정한 형식의 옷이나 옷 입는 방식과 관련해 (남성) 무슬림에게 어떤 규정도 제시하지 않는다.

1920년대의 무함마디야 회원,
서구식 복장과 전통 복장이 공존한다

아이시야 회원, 크루등과 전통 의복이 섞여 있다

남성 복장에 대한 개혁주의자의 반反전통적, 혁신적 시각은 여성 복장에도 적용됐다. 그런데 그 혁신이란 것이 아이러니하게도 히잡 착용이었다. 이는 개혁주의와 근대주의가 비일관되게 결합된 결과였다. 근대주의에 내포된 반전통적 경향은 남성에게는 서양식 복장의 용인으로, 여성에게는 전통 복장에 포함되지 않은 히잡 권장으로 표출됐다. 이러한 차이는 경전 재해석에서 기인한다. 남성 복장과 달리 여성 복장에 대한 규정은 이미 제시돼 있었기 때문에 히잡 착용을 권장한다.

20세기 초반의 여러 상황과 비교할 때 무함마디야는 여성 문제에 훨씬 전향적인 자세를 취했다. 여성의 교육과 사회적 활동을 강조했고, 이를 뒷받침하기 위해 여성 단체 아이시야Aisyiyah를 1917년 설립했다. 하지만 이러한 친여성적 행보에도 무함마디야는 히잡 착용이 《코란》에 제시돼 있음을 지적하며 그 의무화를 지지했다.

히잡 착용 요구는 현실에서 쉽게 받아들여지지 않았다. 아이시야 회원 중 대다수는 히잡을 쓰지 않았고 종교 관련 모임에서는 전통적인 크루둥을 착용했다. 스카프 형식의 크루둥을 착용하면 앞머리와 목의 일부가 노출되며, 같이 입는 옷 역시 몸을 완전하게 가려주지 않는다.

전통주의적 이슬람 지도자에 의해 1926년 결성된 엔우(NU)

역시 히잡 착용의 의무화를 지지함으로써 공식적 교리 수준에서 히잡에 대한 입장은 정리됐지만,[10] 이를 둘러싼 논쟁이 곧이어 발생했다. 1939년 무슬림 잡지 《알리란 바루Aliran Baru》에 히잡을 쓰지 않은 이집트 여성의 삽화와 그에 대한 호의적인 설명문이 삽입되자 비판이 제기된 것이다. 삽화의 여성이 이슬람에서 요구되는 정숙함을 위반했다는 비난에 대해 《알리란 바루》 편집장은 히잡 착용 교리에 대한 다양한 해석의 여지가 존재하며, 히잡이 종교적으로 중요한 문제가 아니라고 반박했다. 개혁주의적 잡지의 편집장이 상대의 태도를 서구식 사고가 퍼뜨린 전염병으로 규정하자 양자 간에 논쟁이 발생했다. 두 진영은 《코란》의 히잡 관련 구절인 24장 31절과 33장 59절의 해석을 둘러싸고 언쟁을 이어 나갔다.[11]

1942년 일본의 인도네시아 점령으로 인해 히잡 논란은 잠시 가라앉았다. 흥미로운 점은 이 논쟁이 이미 20세기 중반 이후 본격적으로 전개될 히잡 착용에 대한 보수주의(근본주의)적 시각과 자유주의(여성주의)적 시각 사이의 대립을 상당 부분 안고 있었다는 점이다. 앞에서 이미 살펴본 대로 문자 그대로의 경전 해석과 역사적 맥락을 고려한 해석 사이의 대립은 인도네시아의 히잡 담론을 이끄는 중심이었다.

독립 이후의 히잡

1945년 일본의 패망 후 인도네시아는 독립을 선언했다. 곧이어 식민지를 탈환하려는 네덜란드를 상대로 독립전쟁이 일어났고, 1949년 완전한 독립을 이루었다. 이후 1965년까지 인도네시아는 의회민주주의 체제와 수카르노 대통령의 독재, 쿠데타를 경험하며 정치적 격변 상태에 놓였다.

　독립 후 첫 선거에서 이슬람 정당이 39퍼센트를 득표했지만, 민족주의 정서가 팽배한 당시 상황으로 인해 이슬람은 국가 통합을 저해하는 요소로 간주됐다. 민족주의와 이슬람이 대립하는 과정에서 여성의 복장은 정치적 정체성의 표현 기제로 작동했다. 민족주의 성향의 여성은 전통 의복보다 서양식 옷을 선호한 반면, 이슬람 정당을 지지하는 여성 중 일부, 특히 도시의 젊은 여성은 히잡과 함께 상반신을 덮는 가운식 옷을 입었다.[12]

　이슬람의 핵심 상징으로 이해됐음에도 히잡 착용은 쉽사리 확대되지 않았다. 이슬람 단체가 설립한 학교에 다니는 여학생은 학교에서 의무적으로 히잡이나 크루둥을 착용했지만 이것이 일상으로 확대되지는 않았는데, 이는 히잡에 대한 비판적 태도에 기인했다.

　무슬림 복장이라고 규정될 일상복이 존재하지 않던 남성과 달리 히잡은 종교적 정체성을 명확하게 표현했다. 따라서 이슬람 정당에 대한 반대가 이슬람, 나아가 히잡에 대한 반감으로 이어지는 상황에서 히잡 착용은 쉬운 선택이 아니었다. 당시 자바 농촌의 아이들이 부르던 노래는 짧지만 이러한 반감의 정도가 어느 정도였는지를 잘 보여준다.[13]

> 먼둥, 먼둥, 중국인의 대보름 축제
> 쿠둥, 쿠둥, 깔개로 이용되네

첫 소절은 운율을 맞추기 위한 것으로, 두 번째 소절의 '쿠둥'에 상응하는 '먼둥(비구름)'이 쓰였다. 두 번째 소절의 '쿠둥'은 '크루둥'의 축약형이다. 즉 야외에서 성관계를 할 때 바닥에 쿠둥을 깔았다는 뜻이다. 쿠둥과 깔개를 연결함으로써 히잡 쓴 여성의 부도덕성을 희화화한 것이다.[14] 이런 식의 부정적 태도가 유포됨으로써 히잡은 이슬람에 우호적인 공간에서만 제한적으로 착용될 수 있었다.

군부 쿠데타를 통해 수카르노에 이어 대통령이 된 수하르토는 권력을 유지하기 위해 이슬람 세력을 억압했다. 여러 이슬람 정당이 하나의 정당으로 병합됐고 무슬림의 비판적 정치 활동은 금지됐다. 이슬람에 대한 통제를 기반으로 수하르토는 취임 후 20여 년 동안 강력한 독재 체제를 구축했지만, 이러한 정책은 장기적으로 이슬람 세력에 새로운 변화의 동력을 제공했다. 정치 활동에서 배제된 이슬람 세력이 사회문화적 영역에서 활동을 가속화하자 일반인 사이에서 이슬람의 호소력이 높아졌고, 이슬람화라 불리는 변화가 촉진됐다. 1970~1980년대를 거치면서 가시화된 이 움직임은 일상에서 이슬람을 실천하려는 무슬림의 증가를 가져왔고, 특히 젊은 세대 사이에서 이슬람을 삶의 중심부에 놓으려는 경향이 강하게 표출됐다.

이전 시기와 마찬가지로 수하르토 정권하에서도 히잡은 종교적 광신의 상징으로 여겨졌다. 이에 대응해 1970년대에 히잡을 자유주의적 시각에서 바라보려는 시도가 출현했으며, 기존의 이슬람 단체 역시 좀 더 중도적 입장의 해석을 제시했다. 유연한 해석이 히잡 담론을 주도했지만, 이슬람화의 영향력이 강화된 1980년대 이후 문자 그대로의 해석에 기반을 둔 보수적, 근본주의적 시각 역시 대두했다. 결과적으로 이 시기를 거치면서 히잡에 대한 다양한 관점이 등장했고, 서로 다른 입장을 취하는 집단 간의 경합 역시 본격화됐다.

자유주의 경향의 이슬람 학자는 인도네시아와 서아시아의 역사적, 사회문화적 환경 차이에 주목하면서 이슬람의 교리가 토착적 상황을 반영할 수 있도록 재해석돼야 한다고 주장했다. 이들에 따르면 히잡은 정숙성에 대한 가르침이며, 종교적으로 규정돼야 하는 관행이 아니다. 이처럼 정숙성에 대한 보편적 기준이 불필요하다면 인도네시아에서 복장은 전통적으로 계승된 열대기후에 부합하는 것이어야 한다.[15]

대중적 이슬람 단체는 토착화 담론보다 경전에 더욱 충실하게 히잡을 이해했다. 예를 들어 무함마디야는 아우라를 남성의 경우 무릎부터 배꼽 사이, 여성의 경우 얼굴과 손을 제외한 모든 신체 부위로 규정했다. 이러한 보수적 해석에도 복장과 관련된 전반적인 태도는 절충적이어서 상황에 따라 적절히 복장을 갖추면 된다고 강조했다. 무함마디야는 나이 든 여성과 젊은 여성, 밖에서 일하는 여성과 그렇지 않은 여성의 복장에 차이가 날 수 있음을 인정했으며, 과거 아랍 여성의 복장이 현재 아랍 여성 혹은 비아랍 지역 여성의 복장이어야 할 필요는 없다고 주장했다.[16]

중도적 시각은 멋 내기에도 적용됐다. 무함마디야는 과도하지 않다면 화장을 하거나 아름답게 꾸미는 행위가 허용된다고 주장함으로써 전통보수적 시각과 차이를 보였다. 정리하면, 중도적 입장은 히잡 자체를 부정하지는 않지만 복장의 상대성을 인정했고 멋 내기와 미적 표현을 인정했다.

자유주의적, 중도적 시각이 히잡 관련 담론을 주도하는 상황에서 전통보수적 시각을 수용하는 동시에 철저한 실천을 요구하는 근본주의적 시각이 제기됐다. 이 입장은 이슬람화의 영향을 강하게 받은 젊은 세대를 중심으로 확산됐는데,[17] 이들은 문자 그대로의 경전 해석을 주장했을 뿐만 아니라, 종교적 의무 실천에도 강조점을 두었다. 날마다 다섯 차례 예배를 올리고 금식과 같은 기본적 의무를 지킬 뿐만 아니라 이슬람 교리에서 요구하는 모든 의무의 실천을 추구했던 이들 젊은이에게 히잡 착용은 필수였다. 또 이들은 전통적인 크루둥을 용인하지 않았고, 얼굴과 손을 제외한 모든 신체 부위를 철저하게 가리는 형태만을 허용했다. 새로운 종교적 흐름이 히잡 착용에 미친 영향은 한 여고생의 이야기에서 확인할 수 있다.[18]

> 티안나는 대학생이 조직한 이슬람 훈련 코스에 참여했다. 거기서 그녀는 (……) 신에게 복종해야 하고 순응해야 할 필요에 공감했다. (……) 히잡을 쓰지 않던 그녀는 신이 여성에게 히잡을 의무화했음을 알게 됐다. 신의 지시를 거부하는 것은 무슬림에게 가장 엄중한 죄였고, 그녀는 (……) 신의 뜻을 좇아야 한다고 생각했다. 훈련에서 돌아온 그녀는 히잡 착용을 시작했고, 그것을 결코 포기하지 않으리라 결심했다.

티안나의 히잡 착용 경험에서는 내적인 자각이 부각됐다. 그녀는 훈련 과정을 거치면서 신의 뜻을 따라야 할 필요성을 인식했고, 이는 자연스럽게 히잡 착용으로 귀결됐다. 이슬람을 잘 모르던 그녀는 히잡에 대한 다양한 해석에 접근할 수 없었고, 오로지 훈련에서 제공된 문자 그대로의 해석을 무비판적으로 받아들였다. 그녀처럼 히잡 착용을 시작한 여성은 주위의 강한 반대에 직면했는데, 이러한 상황을 한 여성은 다음과 같이 기억했다.[19]

사람들은 나를 나환자 보듯 했다. 내가 걸어가면 사람들이 환호하고 박수를 치며 놀리고 비웃었다. 그들은 내가 미쳤거나 아프다고 생각했다.

히잡에 대한 부정적 태도가 팽배한 상황에서 히잡 착용은 강한 반발을 불러왔다. 히잡을 착용한 여성은 공적 영역에서 조롱거리가 됐고, 심지어 정신적으로 문제가 있는 사람으로 보이기까지 했다. 이로 인해 이들 중 일부는 히잡 착용을 포기했다. 하지만 상당수는 자기 결정을 고수했는데, 히잡 착용이 내적 각성을 통해 이루어짐으로써 외적 요인의 영향이 제한적이었기 때문이다. 또 이들에게는 주변의 압력을 신이 내린 시험으로 설명하는 소수의 또래집단이 존재했고, 이런 집단과의 유대가 외적 시련을 극복할 힘을 제공해주었다.

히잡 논쟁과
히잡 착용의 확산

수하르토 정권의 종교적, 사회문화적 활동에 대한 탄압은 정치적 활동에 비해 상대적으로 덜했다. 히잡 착용은 사회적 조롱과 비난의 대상이었을 뿐 정부의 물리적 통제 대상은 아니었기 때문에 여대생 사이에서 히잡 착용은 점진적으로 증가했다.

공립학교의 상황은 대학과 달랐다. 히잡을 착용한 여학생에게 학교 당국은 다양한 방식으로 압력을 가했다. 예를 들어 반둥Bandung의 한 학교에서는 히잡 쓴 아이들을 교실에서 나가도록 했고, 이들의 시험 점수를 인정하지 않았으며, 전학을 종용하기까지 했다.[20]

학교에서 히잡 문제가 불거지자 교육부는 1982년 교복 관련 훈령을 공포했다. 모든 공립초중고등학교 학생에게 동일한 교복을 착용하도록 한 이 훈령은 여학생의 특별한 복장만 예외적으로 인정했다. 종교적, 문화적 이유로 다른 형태의 교복을 희망할 경우 여학생에게는 특별교복이 허용된다고 규정한 후 스카프, 블라우스 소매 길이, 스커트 길이가 변경 대상임을 적시했다.[21]

이 훈령은 히잡을 용인하는 듯했지만 실제로는 그렇지 않았다. 종교적 복장이 한 학교 학생 모두에게 적용돼야 한다는 단서 조항을 둠으로써 개별 학생의 히잡 착용을 허용하지 않은 것이다. 또 허용되는 스카프는 히잡이 아닌 크루둥으로, 목 주변이 노출되는 것이었다.

교복 훈령 발표 이후 히잡 착용 여학생에게 가해지는 압력은 더 거세졌고, 이는 교복 규정 준수 각서에 학생과 학부모가 서명하도록 강제한 1984년 정책에서 정점에 달했다. 각서에 동의하지 않으면 입학 자체가 불허됐기 때문에 결과적으로 히잡 착용을 금지하는 효과를 가져왔다.[22]

히잡 정책이 확립되자, 논란은 법정으로 확대됐다. 히잡 착용 여학생의 부모가 공립학교에서의 히잡 금지 정책에 반발해 제소했기 때문이다. 1심에서 학부모 측은 패소했고, 이후 항소심 과정에서도 좋은 결과가 예상되지 않자 항소를 취하했다.

법적 공방은 히잡 착용 여학생에게 불리하게 전개됐지만, 의도하지 않았던 결과를 가져왔다. 대중의 관심이 확대됨에 따라 히잡에 대한 이슬람 지도자와 학자의 견해가 미디어를 통해 표출된 것이다. 히잡에 대한 자유주의적 시각이 주를 이루었지만, 히잡 착용을 지지하는 보수적 시각 역시 때때로 표현됐다. 이슬람 단체는 탄원서 제출이나 간담회 요청과 같은 온건한 방식을 통해 히잡 허용 의견을 개진했다. 이러한 시도가 뚜렷한 결과를 가져오지는 않았지만, 히잡 문제를 종교적 현안의 하나로 정립하는 데는 공헌했다.[23]

1990년대에 접어들어 공립학교에서의 히잡 규정은 극적인 전환을 맞이했다. 후계 문제를 고민하던 수하르토 대통령이 정치적으로 유일한 대항 세력인 이슬람 세력을 포섭하려는 방향으로 정책을 선회했기 때문이다. 이슬람에 호의적인 태도를 보여주고 싶은 수하르토 정부가 생각해낸 가장 좋은 대상의 하나가 바로 정치적 부담이 크지 않은 히잡이었다.

1991년 개정된 교육부 훈령은 여학생의 교복을 일상교복과 특별교복으로 구분했다. "자신의 믿음에 따라 특별교복을 희망하는 여학생에게는 착용이 허용된다"라고 규정한 이 훈령은 특별교복의 형식을 다음의 그림과 같이 제시했다.[24]

특별교복은 히잡, 손목까지 오는 긴 블라우스, 발목까지 내려오는 긴 치마로 구성됐다. 히잡을 지시하는 표현으로 크루둥을 썼지만, 그것이 전통적 의미의 크루둥이 아닌 히잡을 지칭함은 그림을 통해 확인할 수 있다.

일반적 형태의 블라우스, 손목까지 오는 긴 소매, 왼쪽에 개방된 주머니, 흰색, 치마 안으로
들어가도록 착용한다. 그림에 제시된 것과 같은 크루통, 발목뼈까지 오는 긴 치마, 좌우
양쪽에 주름, 뒤쪽에 지퍼, 왼쪽에 안으로 들어간 주머니, 허리춤에 벨트가 들어갈 부분은
회색, 3센티미터 너비의 검은색 벨트, 짧은 흰색 양말, 검은색 신발

1991년 훈령과 비교할 때 1991년 훈령은 지난 10여 년 동안
의 히잡 관련 변화를 요약해 보여준다. 새로운 훈령은 단순히
일부 히잡 착용 여학생의 요구가 반영됐다는 것만을 의미하지
않는다. 이는 히잡에 대한 정부의 낙인이 사라졌음을 일반인이
인식할 수 있게 했다.

공립학교에서 히잡 착용이 허용됐다는 사실은 과거와 다른
기준이 공적 영역에 적용됐음을 보여주는 것이며, 이후 대학에

서의 이슬람 관련 활동도 활성화됐다. 종교 활동에 여학생의 참여가 확대되자 대학 캠퍼스에서 히잡을 착용한 여성이 증가했다. 이 시기에 새로 히잡을 쓴 대학생이 이슬람의 중요성을 내재화한 여성임을 고려한다면, 이들에게 히잡은 종교적 자의식의 외현화였다. 이러한 내적 자각의 중요성에 대해 한 여대생은 다음과 같이 이야기한다.[25]

《코란》은 여성에게 히잡을 쓰라고 말한다. (이슬람계 고등학교에 다닐 때) 대다수 학생은 학교에서만 히잡을 쓰고 집에 오면 벗어버렸다. 대학 첫 학기 때 나는 히잡의 일상적 착용에 대해 심각하게 고민했지만 망설였다. 이 행동의 결과가 너무나도 무겁기 때문이었다. 결단을 내릴 수 없었다. 결과적으로 나는 히잡을 어떻게 착용해야 할지 결정하기 위해 특별 기도를 행했다. 기도 후 그것을 착용하기로 결심했고, 그 후 지금까지 계속해서 쓰고 있다.

히잡 착용 여성은 종교가 삶의 중심이고 정체성의 핵심이기 때문에 전근대적이고 탈현대적인 성향을 가졌을 것이라고 생각하기 쉽다. 이슬람이 가장 완벽하게 실천됐다고 여겨지는 시기가 선지자의 시대인 7세기 아랍 사회이기 때문이다. 히잡은 그 자체로 과거 지향적이고 부흥적인 성격을 띤다. 하지만 이들 여성은 히잡을 전통적이거나 전근대적인 것으로 보지 않았다. 서구 사회에서는 탈종교화가 근대성의 핵심 요소지만, 이들에게 근대성은 다른 식으로 정의됐다. 즉 현대 문명을 거부하지 않고 현대적 변화를 적극적으로 받아들이려는 태도, 그것이 현대적인 것이었다. 그리고 그런 태도를 지닌 자신은 현대적이며, 다만 서구와 다른 근대성을 추구할 뿐이라고 여겼다. 이런 여성에게 히잡이 가진 의미는 다음과 같았다.[26]

히잡 착용에는 현대적이고자 하는 욕구가 중요한 영향을 미쳤다. 이를 위해 히잡 착용을 장려하는 사람은 (……) 그것이 현대적일 필요가 있음을 강조했다. (……) 이슬람식 복장이 현대적이어야 한다는 주장은 그것이 과거로부터만 영감을 찾는 보수적이고 정체된 것이 아니라 현대적이고 미래 지향적인 의제를 가지고 있다는 생각을 확인시킨다.

일상적으로 히잡을 착용한 경험이 없는 부모와 이웃은 이들의 변신에 반대했다. 이들은 히잡 착용을 급진적 이슬람과 동일시했고, 기존의 종교적 믿음과 전통에 대한 위협으로 간주했다.[27] 하지만 주변의 집합적 압력은 오히려 히잡에 부여되는 종교적 중요성을 배가함으로써 자기 선택에 대한 확신을 강화했다.

히잡 착용은 종교적 자각과 개인의 자발성에 따른 것이지만, 그것에 개입된 집단성을 전적으로 부정할 수는 없다. 히잡 착용을 선도한 여성 대부분은 이슬람 선교 혹은 교육 단체의 일원이었다. 이런 곳에서 활동함으로써 히잡의 중요성을 내재화했지만, 같은 집단에 속한 사람에게서 종교적, 정서적 지지를 받지 못했다면 이들의 결정은 유지되기 힘들었다. 따라서 이들의 히잡 착용은 개인의 선택이면서 동시에 집단의 결정이라고 해석할 수 있다.

강력한 종교적 신념과 연결됨으로써 이들에게 히잡 착용은 의복 이상의 의미, 즉 이슬람 교리의 수용과 실천이라는 의미로 다가왔다. 이로 인해 히잡 착용 여성은 종교적으로 요구되는 도덕성과 가치를 실현하고자 노력했다. 예를 들어 이들은 대중적 소비를 이슬람식 가치에 부합하지 않는 서구적인 것으로 이해해 이를 최소화하려고 노력했다. 같은 잣대가 남녀 간 교제에도 적용됐다. 히잡 착용은 자유연애를 삼가는 것으로 이해됐고, 심지어 이성과의 악수조차 금기시됐다. 이런 식의 태도로 인해 히잡은 전통적 젠더gender관에 긴장을 야기했다.

전통 사회에서 자바 여성은 남성에 버금갈 정도의 자율성과 주체성을 인정받았으며, 대학에 진학한 학생은 남녀평등과 여성의 사회 참여를 당연시하는 경향에 노출됐다. 하지만 히잡 착용 여성이 수용한 이슬람은 보수적이고 근본주의적이며 남성 중심적 편향을 강하게 띠었다. 서구식 교육을 가장 많이 받고 개인의 주체성과 자율성에 대한 강한 자의식을 형성한 히잡 착용 여성이 남성 중심적 젠더관을 수용하게 된 것이니, 이는 히잡을 둘러싼 아이러니가 아닐 수 없다.

당시 히잡 착용 여성에게 히잡은 여성의 미를 은폐하기 위한 도구로 이해됐으며, 그 스타일은 고려 대상이 아니었다. 아랍 사회에서 착용된 가장 보수적인 형태, 즉 얼굴과 상반신을 가리는 무채색의 히잡과 신체의 윤곽을 완전히 은폐하는 상하의가 선택됐다. 발을 가려야 한다는 의무 역시 수용돼 두툼하고 목이 긴 양말과 발을 덮는 신발을 신었다. 그리하여 히잡 착용은 개인적 정체성의 표현을 억누르고 이를 종교적 정체성으로 대체하는 효과를 가져왔다.

'미친 시대'와 히잡

1997년 인도네시아를 덮친 아시아 경제위기 속에 수하르토의 30년 장기 집권 체제가 무너졌다. 약해진 사회 통제 아래 집단적 욕구가 동시다발적으로 분출되고 집단 간 충돌이 일상화되는 '미친 시대zaman edan'가 도래했다. 거리의 부랑아와 범죄자가 활개를 치고 협박과 폭력을 일삼으며 이익을 챙겼다.

아노미적 상황의 또 다른 주인공은 이슬람 세력이었다. 대학을 중심으로 활동하던 이슬람 집단은 공적 영역으로 나왔고, 숨죽이고 있던 급진적, 극단적 세력은 거리를 점령하며 투쟁을 전개했다. 중도적 이슬람 세력 역시 정치 활동의 전면에 나서서 수십여 개의 이슬람 정당이 결성됐다. 사회 혼란을 부추겼지만 이들의 활동은 이슬람의 영향력 확대에 우호적으로 작용했다. 이슬람에 대한 비판적 태도나 행동은 용인되지 않았고, 이슬람의 중요성이 당연시되는 사회 분위기가 형성됐다.

미친 시대는 두 가지 면에서 히잡 확산을 도왔다. 첫째, 종교적 정체성의 표현이 자유로워짐에 따라 히잡 착용을 망설이던 여성이 좀 더 쉽게 결단을 내릴 수 있었다. 이런 상황에 놓여 있던 여성 중 상당수는 고학력 사무직 여성이었다. 대학을 다니면서 이슬람의 중요성을 깨달았지만 히잡에 대한 부정적 시선으로 인해 직장에서 히잡 착용을 꺼리던 이들은 손쉽게 '커밍아웃'을 결행할 수 있었다. 이들의 결단은 대중적인 히잡 확산에 긍정적 영향을 미쳤다. 히잡이 사무직 여성의 복장으로 인식되기 시작하자, 그 긍정적 이미지를 취하고자 하는 여성의 히잡착용이 가속화됐다.

둘째, 사회 불안이었다. 공권력 약화에 따른 치안 불안 속에서 히잡은 남성의 집적거림이나 성범죄로부터 여성을 보호해 줄 수단으로 이용됐다. 그래서 젊은 여성 사이에서 히잡의 인기가 올라갔는데, 이들은 외출 시 히잡을 착용하고 귀가 후 벗었다.[28]

중년층이 포함된 사무직 여성 그리고 젊은 여성 사이에 히잡이 유행하면서 스타일에도 변화가 생겼다. 상반신을 전부 덮을 정도로 크고 무채색이며 몸매를 가리는 복장과 함께 착용되던 과거의 히잡 스타일은 직장 여성이나 젊은 여성에게 선호되지 않았다. 따라서 다양한 색과 크기의 형태가 제작됐다. 히잡과 함께 입는 옷에도 변화가 일어나 일상복을 히잡과 함께 입는 트렌드가 나타났다. 이러한 스타일은 히잡에 맞추어 상하의를 입는다기보다는 일상복에 히잡을 추가했다는 표현이 더욱 적절하다.

2000년대 초중반을 거치며 미친 시대는 '질서의 시대'로 회귀했지만, 미친 시대에 전개된 이슬람의 영향력 확장은 지속됐다. 중도 세력이 설립한 이슬람 정당들은 총선과 지방선거에서 3분의 1의 득표를 하며 성공적으로 제도권에 진입했다. 이들 정당의 내적 분화로 인해 중앙 정치에서는 이슬람 친화 정책이 입안되지 못했지만, 지역에서는 서로 다른 상황이 전개됐다.

이슬람의 대중적 영향력이 강한 지역에서는 이슬람 정당 간

연합이 활성화됐다. 지방자치제가 강화되는 분위기에 편승해 이들 정당은 샤리아syariah, 즉 이슬람법에 기반을 둔 지역 조례를 제정해 술 판매를 금지하고, 도박장이나 매춘굴 같은 부도덕한 장소를 폐쇄했다. 히잡 착용에 관해서도 조례로 제정했다. 히잡의 법제화를 보여주는 선도적 사례는 2002년 제정된 서수마트라주州 솔록도Solok道의 조례다.[29] 이곳의 조례는 복장 관련 규정의 필요성을 무슬림의 공동체적 삶의 실현에서 찾았다. 조례 적용 대상에는 공무원과 사기업 직원, 초중고등학생이 포함됐고, 적용 장소로는 사무실과 학교 그리고 공식 행사장이 지정됐다. 조례에서 정의한 무슬림 복장은 다음과 같다(7조와 8조).

남성 바지, 긴/짧은 소매 셔츠
여성 허리까지 내려오는 긴소매 셔츠, 발목까지 내려오는 긴 스커트 혹은 바지, 머리털·귀·목·가슴을 덮는 크루둥

조례는 얼굴과 손을 제외한 여성의 신체 노출을 금지할 뿐만 아니라 불투명한 재질의 천, 신체의 윤곽이 드러나지 않는 복장을 요구 사항에 추가함으로써 히잡에 대한 보수적 해석을 충실히 따랐다.

조례 위반 시 제재는 중고등학교에서 효과적으로 작동했다.

구두 경고, 서면 경고, 학부모 통지, 학교 수업 참여 금지, 퇴학과 전학 등이 차례로 내려졌는데, 학교라는 장소적 특수성으로 인해 쉽게 강제될 수 있었다. 사무실의 경우 제재 방식이 사무실 규정에 따랐기 때문에 실효성이 높지 않았다.

서수마트라주의 복장 조례가 유명세를 타자 유사한 성격의 조례가 다른 지역에서도 제정됐다. 이 과정에서 창의적인 내용이 더해지기도 했는데, 도지사를 만나고자 하는 방문자에게 무슬림 복장을 의무화한 것이 좋은 예다. 솔록도 준중시리군 Junjung Sirih 郡에서는 복장 조례를 전면적으로 확대해 공적 영역 전반에서 무슬림 복장을 의무화했다. 하지만 규정 위반 시 제재가 강력하지 않아 이슬람 복장을 실질적으로 강제하는 효과는 없었다.[30]

지역의 복장 조례가 일반 성인에게까지 실질적인 영향을 미치지는 못했지만, 그것의 사회문화적 중요성은 간과할 수 없다. 공립학교에서 히잡 착용이 허용된 지 10여 년이 채 지나지 않아 완전히 상반된 성격의 규정이 제정됐다는 사실은 공적 영역에서 이슬람이 차지하는 위상이 급격히 강화됐음을 시사한다. 히잡 착용 허가를 간곡히 요청하는 상황에서 히잡 착용을 강제하는 상황으로 급격히 전환된 것이다.

히잡의 일상화와 다변화

미친 시대가 가고 질서가 회복됐는데도 히잡의 인기는 여전했다. 이제 히잡은 마치 여대생의 교복처럼 여겨지게 됐다.[31] 히잡 쓴 여성이 꾸준히 증가하자 히잡의 스타일도 다양해졌다. 온갖 색깔의 히잡이 나왔고, 분홍색처럼 여성미를 부각하는 색도 금기시되지 않았다.

변한 것은 색깔만이 아니었다. 천의 종류, 크기, 디자인 역시 변화했다. 전통적 소재인 면에 추가돼 폴리에스테르나 레이온과 같은 화학 소재뿐만 아니라, 비단과 캐시미어, 시폰과 같은 고급 소재도 이용됐고, 정교한 자수가 놓인 천 역시 사용됐다. 히잡의 크기 역시 다양해졌다. 가슴 아래에 이를 정도로 큰 크기가 이전 시기의 스타일이었다면, 가슴에 닿는 정도의 크기, 얼굴과 목 주변만을 가리는 히잡이 만들어졌다. 과거에는 정방형의 천이 일반적이었지만, 가로와 세로의 길이를 달리해 착용했을 때 스타일의 변형을 용이하게 해주는 히잡도 등장했다.

히잡의 변화를 보여주는 또 다른 예는 다양한 문양이 들어간 소재의 사용이다. 과거에는 무늬 없는 천이 대부분이었다면, 이제는 사람이나 동물을 제외한 거의 모든 문양의 천이 이용됐다.

히잡의 재질, 색상, 형태 변화와 함께 착용 방식 역시 다양해

다양한 문양의 히잡 천
서로 다른 히잡 착용 스타일

졌다. 이전 시기에는 아우라를 지켜야 한다는 점이 부각됐을 뿐 어떻게 히잡을 써야 하는지는 중시되지 않았다. 하지만 히잡 착용이 확산되자 맵시 있게 쓸 수 있는 방식이 고안돼 헤아릴 수 없을 정도로 많은 스타일이 등장했다. 이러한 변화는 착용 스타일을 미적 경연의 장으로까지 끌어들여 '좀 더 아름다운 방식 찾기'가 히잡 스타일 선택의 핵심 사항이 됐다.

2000년대 들어 발생한 변화는 히잡과 함께 입는 옷에도 적용됐다. 과거 몸매를 가리는 헐렁한 옷이 히잡과 같이 착용됐다면, 히잡 확대는 일상복과의 '피치 못할' 조합을 이끌어냈다. 즉 히잡을 새로 착용하기 시작한 여성이 입을 수 있는 옷의 대다수가 일상복이었기 때문이다. 종교적 자각으로 인해 히잡 착용을 시작한 경우라도 몸매를 가리는 헐렁한 옷을 완비할 때까지는 일상복을 입을 수밖에 없었다. 또 종교 외적인 이유로 히잡을 착용한 경우에는 몸매를 가리는 헐렁한 옷은 비용이나 번거로움으로 인해 선호되지 않았다. 따라서 히잡 착용 확대는 히잡과 일상복의 조합이라는 이전 시기에 쉽게 상상할 수 없었던 스타일을 만들어냈다.

다양한 재질, 색상, 형태를 선택할 수 있게 되자 히잡의 패션으로의 전환이 가속화됐다. 이를 선도한 집단은 패션업계 종사자였다. 이들은 다양한 형태의 히잡뿐 아니라, 그에 맞는 상하의를 기획해 판매했다. 전통적으로 인도네시아의 의복 시장은 기성복이 아닌 맞춤복 위주였다. 일반인은 주변에서 쉽게 접할 수 있는 재봉공이나 소규모 의상실에서, 중상류층은 부티크에서 옷을 주문, 제작했다. 대규모 쇼핑센터가 도입되자 기성복 시장이 확대돼 맞춤복 시장을 잠식했지만, 특별한 경우에 입는 옷은 역시 맞춤복으로 하는 전통이 유지됐다.

활성화된 부티크는 히잡의 패션화에 중요한 역할을 했다. 이들은 히잡에 어울리는 상하의를 출시함으로써 히잡을 미적 경연장으로 끌어들였다. 패션을 통한 구별 짓기를 추구했던 집단 중 새로운 변화에 적극적으로 반응한 것은 연예인이었다. 연예인의 히잡 착용은 상업 방송의 요구와 연결됐다. 점증하는 이슬람의 영향력을 무시할 수 없었던 방송국은 이슬람 관련 프로그램을 제작하거나 일상적 프로그램에 이슬람식 요소를 포함해야 할 필요성을 느끼고 있었다. 그러기 위해서는 히잡 쓴 연예인이 필요했고, 이들의 패션된 히잡 착용은 상업적으로도 프로그램을 성공시킬 만한 요인이었다. 특히 라마단(금식월)은 방송사와 연예인의 이해관계가 맞아떨어지는 최적의 기간이었다. 이 기간 동안 모든 방송에서는 종교 관련 프로그램을 기획했고, 여기에 히잡 쓴 연예인이 참여했다.[32]

보통 무슬림 복장을 착용하지 않던 연예인이 라마단을 주제로 한 프로그램에 출현할 때는 무슬림 복장을 이용했다. 이는 종교적이라 불릴 수 없는 일반 프로그램에도 해당됐다. 당둣Dangdut[33] 춤의 여왕인 아니사 바하르는 이를 적절하게 보여준다. 라마단이 되면 그녀는 춤 관련 프로그램의 사회를 보면서 에로틱한 춤을 추지 않을 뿐 아니라 히잡을 갖춰 쓰기까지 했다.

연예인의 히잡과 무슬림 복장은 세인의 입에 오르내리며 패션으로서의 히잡을 확산시켰다. 이들의 복장이 유행을 타면 곧바로 제품으로 출시돼 판매됐다. 히잡의 유행 과정을 한 신문 기사는 이렇게 소개했다.[34]

라마단을 두 달 앞두고 연예인표 히잡은 많은 관심을 받았다. 자카르타의 타나 아방 시장에서 처음 팔리기 시작한 아이샤 스타일[35] 히잡에는 8만 루피아 이상의 가격이 매겨졌다. 지금은 가격이 떨어져 5만 루피아 정도 하는데, 최근 이 스타일의 히잡을 개조한 형태도 다양하게 출시돼, 스판덱스 소재에 바틱batik[36] 문양을 새긴 히잡이 만들어질 정도다.

연예인의 히잡 착용은 개인과 비교할 수 없을 만큼 영향력이 컸다. 이들의 무슬림 패션은 곧바로 유행 아이템이 됐고 대중에 의해 모방됐다. 이는 이미 히잡을 착용하던 여성에게만 국한되지 않았다. 연예인의 패션을 따라 새로 히잡을 쓰는 여성이 생기면서 히잡을 착용하는 여성은 증가했다.

연예인의 히잡 패션은 종교 외적 요인의 중요성을 부각하는 효과를 가져왔다. 종교적으로 자각해 히잡을 착용한 여성과 달리 연예인의 경우 계속해서 히잡을 쓴다고 볼 수 없었다. 실제로 얼마 못 가 히잡 착용을 포기하는 예가 많았다. 히잡 벗기는 히잡 쓰기만큼이나 주요 연예 기사로 취급돼 '히잡 벗은 연예인의 가발 착용', '2009년 미스 인도네시아의 히잡 포기 인정'과 같은 흥미로운 제목으로 다루어졌다. 이들의 히잡 벗기는 일반인에게 일종의 각인 효과를 주는 듯했다. 한 블로거는 이를 다음과 같이 기술했다.[37]

조금 전 신문 기사를 읽다가 연예인 사라 비가 히잡을 벗었다는 사실을 알게 됐다. (……) 이전에 히잡을 벗은 여성으로는 데시 랏나사리, 트리 우타미, 티아 수비약토, 데위 휴거스, 레자가 있었다. 레자는 히잡을 착용한 모습이 자기 음악에 부합하지 않는다고 느꼈기 때문이다. (……) 데위 휴거스의 이유는 달랐다. 그녀는 히잡 착용 후 자신의 활동이 제한받았다고 말했다.

2008년 자카르타 패션 위크에 출품된 무슬림 복장

출처: http://www.hijabstyle.co.uk/2008/08/jakarta-fashion-week.html#.V1pd2CbVzIU

연예인의 히잡 쓰기와 벗기가 대중적 관심사로 떠오르자 히잡의 종교적 의미가 희석됐다. 특정한 필요 혹은 신상 변화를 이유로 히잡을 쓰거나 벗을 수 있다는 사실이 널리 퍼지면서 한 번 쓰면 평생을 써야 한다는 식의 인식에 영향을 미쳤다. 즉 대중은 히잡 쓰기가 불가역적인 일이 아니라는 것을 인식하게 됐다. 히잡을 쓰던 연예인이 갑자기 머리를 드러낸 채 나타날 수 있는 것처럼 히잡을 쓰던 일반인 역시 히잡을 벗고 생활할 수 있다고 인식했다.

패션으로서의 히잡에 열광한 또 다른 집단은 '비싼 차를 모는 상류층 여성, 경영인, 유명 연예인, 고위 관료, 전문직 종사자, 사회정치 분야 활동가'였다.[38] 차림새를 통한 구별 짓기에 익숙해 있던 이들 중상류층 여성은 고급 부티크의 주요 고객이었다. 디자이너가 화려한 히잡과 함께 어울릴 만한 옷을 기획하자 이들은 호의적으로 반응했고, 중상류층으로의 히잡 착용이 확산됐다. 이들의 히잡 착용으로 인해 히잡 패션에도 소비의 양극화가 이루어져 수천만 루피아(수백만 원)에 이르는 옷이 출시되기도 했다.

패션으로서의 히잡 유행은 2008년 인도네시아에서 처음 개최된 '자카르타 패션 위크' 개막식에 무슬림 복장을 선보이는 계기가 됐다. 이후 같은 행사에 지속적으로 출품됨으로써 패션

산업에서 차지하는 무슬림 복장의 높아진 위상과 대중적 관심을 보여주었다.

히잡 가울, 교제용 히잡

연예인 사이에서 히잡이 유행하고 중상류층 여성에게 고가의 히잡이 인기를 끌면서 패션으로서의 히잡이 의복산업에서 중요해지기 시작한 것이 2000년대의 주요 흐름이었다면, 여대생을 중심으로 또 다른 트렌드가 나타났다. 히잡이 여대생의 상징처럼 보이는 상황에서 그것을 일상복과 함께 착용하는 스타일이 대두한 것이다.

히잡과 일상복의 결합이 확대되면서 이를 지칭하는 '히잡 가울hijab gaul'이라는 신조어도 등장했다. '가울'은 '사귀다', '교제하다', '만나서 놀다' 등을 의미하는 말로, '히잡 가울'은 '젊은 여성이 친구와 함께 외출할 때 착용하는 복장'이라는 의미다. 히잡 가울의 기준에는 히잡뿐 아니라 같이 입는 옷도 포함됐다. 히잡은 다양한 색과 무늬, 목 주변 정도만 덮을 정도의 작은 크기가 주로 선택됐고, 히잡과 같이 입는 옷은 보통 긴소매 티셔츠와 청바지였다. 따라서 신체의 윤곽이 자연스럽게 드러났으며, 노출의 정도는 착용자의 취향에 따라 달라졌다. 몸에 꽉 끼는 옷을 선호하는 여성에게 히잡 가울은 몸매를 완전히 드러내는 형태였고, 헐렁한 옷을 선호하는 여성의 히잡 가울은 몸매의 일부만 드러내는 형태였다.

히잡과 일상복의 조합으로 인해 과도한 신체 노출도 있었는데, 2016년 조사 때 만난 한 남성은 당시의 상황을 다음과 같이 기억했다.

내가 대학생일 때(2000년대 중후반)는 지금보다 노출 정도가 훨씬 심했다. 그때 유행한 바지가 골반에 걸치는 청바지였는데……. (내가 제대로 이해하지 못하자 그는 자신의 허리에서 한 뼘 정도 아래 부위를 가리킨 후 설명을 이어갔다.) 허리를 조금만 구부려도 티셔츠와 바지 사이로 등 뒤의 피부가 훤히 드러났다. 그보다 더한 경우도 있어서 팬티가 보이기도 했고, 엉덩이 사이의 갈라진 골이 노출되는 일도 있었다.

엉덩이가 보일 정도였다는 말에 내가 못 미더워하자 그는 스마트폰을 꺼내 검색을 시작했다. 이후 한 장의 사진을 보여주면서 사진 속 여성의 복장이 당시 볼 수 있었던 모습이라고 강조했다. 그가 찾아준 사진에는 청바지와 티셔츠 사이로 피부와 팬

2000년대 히잡 가울과 노출
출처 : http://indra.chaidir.info/2010/05/jilbab

티가 노출된 여성의 뒷모습이 담겨 있었다.

일상복과 히잡의 결합은 몸을 가린다는 히잡의 의미를 퇴색시켰다. 하지만 히잡 가울을 패션의 관점에서만 바라보는 것은 현실을 단순화해 이해하는 것이다. 안전이라는 실용적인 면이 개입된다 하더라도 굳이 히잡을 통해 유행을 추구해야 할 이유가 뚜렷하지 않기 때문이다. 패션의 대상으로 설정됐지만 히잡에서 종교적 의미를 완전히 제거할 수는 없는데, 이는 히잡 가울을 고집하는 한 여성의 견해를 들어보면 알 수 있다.[39]

경제학을 배우는 4학기 학생 티나는 첫 학기가 끝난 후 히잡을 썼다. 그녀는 구식 옷을 좋아하지 않았고 옷이 착용자의 개성을 드러낸다고 생각했다. 여성스럽고 화려한 옷을 좋아하는 그녀는 히잡 역시 자신의 취향이 반영돼야 한다고 여겼다. 패션에 대한 그녀의 감수성은 자신과 같은 히잡을 쓴 여성을 만났을 때 느꼈던 극도의 부끄러움을 통해서도 확인할 수 있었다. 이처럼 유행과 멋을 추구하지만, 그녀 역시 히잡을 착용하는 이유로 개인적 발전과 성숙을 거론했다. 무슬림 여성이라면 《코란》에 나오는 것처럼 일생의 어느 순간 히잡을 써야 한다는 것이 그녀의 생각이었다. 그렇지만 히잡을 쓴다고 해서 취향이 바뀔 필요는 없으며, 자신의 성숙함에 부합하는 정숙함을 유지하는 것이 중요하다고 지적했다.

히잡 가울을 쓴 여대생은 패션과 유행을 말하는 동시에 종교적인 면 역시 강조했다. 그녀의 관점에서 본다면 패션, 현대성 그리고 이슬람은 모순되지 않으며 서로 공존할 수 있다. 일관되지 않는 것처럼 보이는 이러한 시각은 보수적 시각에서 벗어나면 어느 정도 이해할 수 있다. 보수적으로 볼 때 히잡은 여성의 몸을 가리고 미적 표현을 억제하기 위한 것이다. 반면 히잡 가울을 추구하는 여성에게 종교적 의무는 히잡으로 제한될 뿐, 미적 표현의 억압이나 미적 취향의 포기를 의미하지 않는다. 이러한 시각은 패션으로서의 히잡을 주장하는 여성에게도 마찬가지다. 히잡 가울과 패션 히잡은 몸매의 노출 정도에서 차이가 나지만, 이는 정도의 차이일 뿐 양자 모두 여성의 미적 표현과 이슬람이 조화될 수 있음을 보여준다.

다른 이슬람권 국가와 달리 인도네시아에서는 이슬람식 복장을 반드시 착용해야 한다는 전통이 없었으며, 여성의 복장은 개인 선택의 문제로 간주됐다. 이러한 인식이 일반적이었다고 해서 복장의 차이가 전적으로 용인됐던 것은 아니다. 전통과 관습에 따라 공동체에서 수용될 수 있는 복장은 존재했다. 그랬기 때문에 1990년대 이전까지 히잡은 종교적 광신의 표현으로 비추어졌고, 그에 대한 사회적 압력이 가해졌다.

1980~1990년대를 거치면서 가속화된 이슬람화의 흐름은 의복을 둘러싼 환경을 바꾸었다. 공립학교에서 히잡 착용이 허용됐고, 히잡 쓴 여성 역시 꾸준히 증가했다. 정치적 자유화 이후 히잡을 강제하는 지역 조례가 제정될 정도로 히잡에 대한 인식은 급격히 변화했다.

히잡을 착용한 여성이 증가함으로써 히잡 스타일이 다양해졌고, 패션으로서의 히잡과 히잡 가울이 유행할 수 있었다. 이로 인해 무슬림이 다수인 지역, 특히 도시에서는 히잡 없이 서구식 복장을 입은 여성, 목 주변을 가리는 짧은 히잡을 쓰고 몸매가 드러나는 티셔츠와 청바지를 입은 여성, 화려한 히잡을 쓰고 치마를 입은 여성, 가슴 아래까지 내려오는 무채색의 히잡을 쓰고 몸매를 완전히 가리는 옷을 입은 여성 모두를 쉽게 찾아볼 수 있게 됐다.

무슬림 여성의 복장을 둘러싼 환경이 급격하게 변화했지만, 여성의 옷을 자율적 선택의 문제로 바라보려는 전통은 크게 변하지 않은 채 유지돼왔다. 보수적 해석에 부합하지 않는 히잡 가울이 유행한다는 것은 복장의 자율성이 대중에 의해 공감된다는 사실을 반영한다. 하지만 히잡의 대중화가 그것을 둘러싼 사회문화적, 종교적 환경에 일정 정도 영향을 미쳤다는 사실도 역시 부정할 수 없다. 누구나 히잡 패션의 독자성을 인지하기 때문에 '적절한 무슬림 여성의 복장이 무엇인가'라는 문제를 둘러싼 대립의 가능성도 점차 높아졌다.

2010년대에 접어들어 히잡을 둘러싼 집단 간 경합은 좀 더 뚜렷하게 표출됐다. 패션으로서의 히잡을 체계적으로 발전시키려는 집단이 등장했고, 히잡 가울을 비판적으로 바라보는 담론이 출현했다. 이러한 변화를 거치며 여성의 복장, 나아가 여성의 미적 표현의 문제는 이슬람 담론의 주변부에서 조금씩 중심부로 이동했고, 이는 복장을 개인의 문제로 취급하는 사회 분위기에도 일정한 영향을 미쳤다.

히자버,

패션으로서의
히잡

4

●

2000년대 히잡의 대중화 과정에서 나타난 '패션으로서의 히잡'
과 '히잡 가울'의 유행은 이후에도 지속됐다. 이 시기에는 두 현
상과 관련된 신조어가 만들어졌는데, 둘 모두 영어를 차용했다.

패션으로서의 히잡을 말하는 신조어는 '히자버hijaber'다. 히
잡에 영어 접미사 'er'를 첨가한 이 어휘는 '히잡을 쓰는 사람'이
라는 의미를 가진다. 질밥이라는 일상적 표현 대신 히잡이라는
표현이 적용된 데는 전통과의 단절을 부각하려는 목적이 있는
것처럼 보인다. 영어 접미사는 서구 문화에 대한 호의적 태도를
드러내는 것으로, 히자버는 현대식 패션 유행을 따르면서 종교
적 의무 역시 다한다는 혼종적 의미를 가진다.

또 다른 용어는 질밥과 영어 단어 '붑(스)[boob(s)]'의 결합인
'질붑(스)'다. 붑(스)의 의미 중 '유방'이라는 속어적 뜻이 차용된
질붑은 '가슴의 윤곽이 드러나는 옷을 히잡과 같이 착용하는 스

타일'을 말한다. 이러한 결합 방식이 보여주는 것처럼 질뵙에는 비아냥거림의 의미가 내포돼 있다.

히자버와 질뵙 사이의 가장 큰 차이점은 전자가 히잡을 쓰는 여성이 만든 것인 반면, 후자는 남성에 의해 고안됐다는 점이다. 따라서 히자버로 지칭되기를 원하는 대상은 명확하지만, 질뵙으로 지칭되기를 희망하는 대상의 실체는 불명확했다.

히자버의 출현

'히자버'는 패션으로서의 히잡에 관심을 가진 여성끼리 만나 교류하는 과정에서 등장했다. 이들은 히잡을 통해서도 유행을 따를 수 있고 현대적일 수 있다는 인식을 서로 공유하고 있음을 알게 됐다. 모임을 주도한 여성은 패션 디자이너였고, 이들은 자신들의 시각에 동의하는 여성을 규합하고자 페이스북과 트위터 같은 SNS에 모임 관련 소식을 올렸다.

첫 공식 모임은 자카르타 호화 쇼핑몰의 식당에서 열렸는데, 기대를 뛰어넘는 70여 명의 여성이 모였다. 이후 30여 명이 만남을 지속했으며, 자신들의 활동에 호의적인 반응이 뒤따르자 모임의 공식화를 결정했다. 공식 명칭으로 '자카르타 히자버(스)

히자버 커뮤니티 홈페이지에 실린 단체 사진

커뮤니티'를 선택했고, 2011년 창립식을 거행했다.

히자버 커뮤니티는 대중적 관심을 이끌어냈고, 곧 유사한 성격의 모임이 다른 도시에서도 결성됐다. 이에 고무된 히자버 커뮤니티는 뚜렷한 조직 구조와 업무 분장을 갖춘 단체로 2012년 개편됐고, 자카르타를 본부로 하고 지방의 유사 모임을 지부로 편입했다.

조직화 과정에서 뒤로 물러났지만, 패션 디자이너는 새로운 복장을 지속적으로 선보이며 히자버 커뮤니티를 선도했다. 이 중 가장 많은 조명을 받은 디자이너는 디안 펄랑이Dian Pelangi다. 그녀는 히자버 커뮤니티 결성을 이끌었을 뿐만 아니라, 세련되고 체계적인 방식으로 히자버의 입장을 대변했다. 디안의 시각은 미적 표현이 이슬람과 어떻게 연결되며, 그 가능성과 한계가 무엇인지에 대한 '교과서적' 지침을 제공했다.

디안 펄랑이, 히자버의 선구자

디안 펄랑이의 인스타그램은[1] 그녀의 유명세를 여실히 보여준다. 그녀의 팔로워는 420여 만 명에 이르고, 게시된 사진에는 보통 3만~4만 개의 '좋아요'가 추가되며, 수백여 개의 댓글이 달린다. 2011년 8월 9일 첫 사진을 올린 후 게시물 수는 꾸준히 증가해 2016년 6월 현재 3300여 개에 이른다.

그녀의 인스타그램 게시물의 주제는 몇 개의 범주로 나눌 수 있다. 히잡 패션이 가장 핵심이고, 그 밖에 그녀의 활동, 지인과의 모임, 방문 장소와 음식 역시 주요 테마다. 이러한 구성은 다른 젊은 여성과 크게 차이 나지 않지만, 그녀가 올린 사진의 화려함과 고급스러움은 타인의 것과 비교할 수 없을 만큼 강한 인상을 남긴다.

원색의 화려한 히잡과 그에 걸맞은 상하의는 패션 디자이너라는 그녀의 직업을 반영한다. 그녀의 방문지는 인도네시아의 일반 여성이 쉽게 접근하기 힘든 세계 곳곳의 장소다. 2016년 상반기만 해도 그녀는 1월에 일본과 사우디아라비아, 2월에 영국 런던, 3월에 미국, 4월에 호주 시드니, 5월에 모로코를 방문한 사진을 올렸다. 음식 취향 역시 다채롭게 표현돼서, 그녀는 친구의 결혼식에 참석하기 전 초특급 호텔에서 여유로운 브런치를 즐겼고, 중소도시인 욕야카르타에서는 길거리 음식을 먹었으며, 모로코에서는 토착 음식인 치킨 타진tagine 을 주문했다.

이러한 게시물을 통해 그녀는 자신을 팔로우 하는 수많은 인도네시아 여성에게 새로운 세상과 꿈을 제시한다. 그녀는 이슬람을 적극적으로 수용함으로써 이 모든 것을 획득할 수 있다고

```
dianpelangi ✓  팔로우  ···
게시물 4,358   팔로워 4.8백만   팔로우 1,097
Dian Pelangi Creative Director of @dianpelangicom •••••••• Brand Ambassador of
@wardahbeauty @hijup @kopimantapABC @les_georgettes_ind CP 📞 Sonef
+6285640447315 hijup.com
```

디안 펠랑이의 인스타그램

말하려 하는 것이다.

디안은 수마트라섬 남부의 팔렘방Palembang에서 태어났다. 의상업에 종사하는 부모는 독실한 무슬림이었고, 이는 그녀의 성장 과정에 지대한 영향을 미쳤다. 그녀는 이슬람과 세속 과목을 함께 가르치는 초등학교에 입학했으며, 자카르타에서 다닌 중학교 역시 오전에는 일반 교과목을 가르치고 오후에는 종교 관련 수업을 진행하는 기숙형 이슬람 학교였다. 이러한 교육을 통해 습득한 이슬람에 대한 심도 깊은 이해는 이후 히자버에 대한 우호적인 담론을 형성하고 종교적 정당성을 부여하는 작업을 하는 데 영향을 끼쳤다.

패션 디자이너의 길을 선택한 그녀는 의상 관련 공부를 할 수 있는 실업계 고등학교에 진학했다. 이 학교는 바틱 전통을 발전시킨 아버지의 고향에 있었다. 이곳에서 그녀는 과거와 다른 삶을 경험했다. 주변의 학생 다수가 히잡을 착용하지 않고 자유분방하게 살아가는 환경에서 그녀 역시 일탈적 행동을 따라했다. 그녀는 당시의 상황을 이렇게 말한다.[2]

어느 날 나는 초등학교 때부터 착용한 히잡을 벗고 집을 나섰다. (이후 히잡을 쓰고 벗기를 계속했는데) (……) 히잡을 벗으면 나를 구속하던 우리에서 벗어난 듯한 자유로움을 느꼈다. (……) 하지만 알라는 나를 그렇게나 많이 사랑했던 것 같다. 알라는 내가 다시 알라의 길로 돌아갈 수 있도록 인도했고, 나는 히잡 착용을 재개했다.

알라의 사랑을 확인한 계기는 그녀의 어머니가 잡지사에 보낸 히잡 쓴 그녀의 사진이었다. 이 사진으로 예심을 통과한 그녀는 히잡 패션 콘테스트에 나가 3등을 했고, 이는 히잡에 대한 책임감을 그녀에게 일깨워주었다.

히잡을 다시 쓰면서 편안함을 되찾았다고 그녀는 회상했다. 이는 히잡을 벗었을 때 직면한 심란함과 대조되는 감정이었다. 그녀를 알던 사람 모두가 그녀에게 히잡을 포기한 이유를 물었고, 이는 그녀의 마음을 괴롭혔다. 결과적으로 히잡을 벗음으로써 얻을 수 있는 자유로움을 포기하는 대신 그녀는 마음의 평안을 되찾았다.

2008년 디안은 패션 전문 대학에 진학했고, 졸업 후 고향으로 돌아와 디자이너로서 활동을 시작했다. 그녀의 부모는 인적 네트워크를 통해 그녀를 도왔고, 그 덕에 디안은 젊은 나이에 인도네시아 디자이너협회의 정회원이 될 수 있었다. 그녀는 곧바로 두각을 나타냈다. 2009년 호주 멜버른에서 열린 패션쇼에 출품한 그녀의 작품이 언론의 주목을 받게 됐다. 그녀의 인터뷰 기사가 호주 일간지에 게재되자 인도네시아 미디어의 관심이 뒤따랐고, 그녀는 데뷔 1년 만에 '신데렐라'가 됐다.

언론 인터뷰에서 그녀는 디자이너로서의 목표가 무슬림 여성의 삶을 편하게 만드는 것이라고 말했다.[3] 그저 그런 스타일이기에 패션 욕구를 충족시키지 못하는 히잡 대신 새로운 스타일을 제시함으로써 무슬림 여성으로 하여금 좀 더 쉽게 종교적 의무를 수행하도록 만드는 것이 목표라는 뜻이었다.

그녀의 패션관은 종교적 색채로 채워져 있고, 히자버의 담론 형성에 지대한 역할을 했다. 같은 이유로 인해 히자버에 대한 불만 역시 그녀에게 집중되는 양상을 보였으며, 이에 대응하는 과정에서 패션으로서의 히잡에 대한 그녀의 시각 역시 체계화됐다. 이슬람 교육기관에서 수학한 그녀의 경험은 히잡과 관련한 견해를 드러내는 데 중요한 자산으로 작용했다.

알라는 아름다움을
사랑한다

패션 히잡을 설명하면서 디안 펄랑이는 몇 가지 핵심 교리에 의존했다. 단순하지만 명쾌한 해석을 통해 그녀가 제시한 시각은 히자버 담론 형성에 중요한 영향을 미쳤다. 그녀가 거론한 첫 번째 교리는 《코란》 24장 31절, 33장 59절과 같이 히잡을 무슬림 여성의 의무로 규정한 구절이었다. 그녀는 히잡 착용 교리를 있는 그대로 수용했는데, 이는 다른 종교적 문제에 대한 그녀의 유연하고 맥락적인 경향과 차이를 보였다. 히잡에 대한 전통보수적 관점을 비타협적으로 수용함으로써 그녀는 이슬람에 대한 자신의 믿음을 인정받을 수 있는 기반을 확고히 했다.

그녀가 두 번째로 주목한 교리는 《하디스》에 기록된 마호메트의 언설, 즉 "알라는 아름답고, 아름다움을 사랑한다"였다. 미적 추구를 용인하는 내용이 담긴 다른 《하디스》의 기록 역시 이용했는데, 그중 하나는 아름다운 옷과 신발을 좋아하는 행위가 알라에 의해 허용됐음을 지적한 마호메트의 설명이었다.[4] 이러한 자료는 아름다움의 추구가 이슬람에서 용인, 권장됨을 보여주는 근거로 이용됐고, 패션 히잡이 이슬람의 틀 내에 존재한다는 사실을 뒷받침해주었다.

디안에 따르면 《하디스》에 거론된 아름다움은 두 개의 차원을 가진다. 하나는 외적인 아름다움이고, 다른 하나는 내적인 아름다움이다. 선지자 마호메트는 예의 바름, 겸손, 인내, 친절과 관대뿐만 아니라 잘생긴 외모를 소유한, 두 차원의 아름다움을 통합한 경우로 거론됐다. 그녀는 히자버의 아름다움 역시 외적인 영역뿐만 아니라 내적인 면을 포함해야 한다고 역설했다.

디안은 '히잡 착용은 무슬림의 의무'라는 것과 '신은 아름다움을 사랑한다'는 교리를 강조했다. 이처럼 논란의 여지가 적은 교리만을 부각함으로써 그녀는 히자버 관련 담론을 단순화하고 이를 명확하게 전달하려 했다. 여기에 첨가된 또 다른 요소는 꾸미기를 좋아하는 여성의 성향으로, 이 역시 전통보수적 무슬림도 큰 이견 없이 받아들이는 것이었다.

패션 히잡에 대한 이러한 단순한 해석에도 디안의 시각은 전통보수적 무슬림의 비판을 받았다. 미적 은폐를 히잡 착용의 핵심 내용으로 여기는 이들로서는 히자버의 화려한 패션을 받아들일 수 없었기 때문이다. 가장 많은 비판은 디안이 말한 히자버의 의도에 쏟아졌다. 패션 히잡이 여성의 아름다움을 드러내고 주변의 관심을 끌어냄으로써 이성에 대한 유혹 금지라는 히잡 착용의 취지에 위배된다는 것이다. 이에 대해 디안은 원론적 수준의 답변을 제시했다. 패션은 타인이 아닌 옷을 입는 사람 자신과 관련 있으며, 패션을 통한 자기표현은 인간이 행하는 자연스러운 의사소통 행위의 하나라는 것이다. 그녀는 자신의 견해를 다음과 같이 드러냈다.[5]

> 옷을 입는 행위는 타인의 관심을 받기 위해서가 아닙니다. 오히려 그것에는 알라의 관심을 끌고자 하는 목적이 담겨 있습니다. 저는 다른 사람이 알라의 관심을 끌 수 있도록 영감을 주고자 합니다. (……) 물론 제 활동이 대중의 관심을 끌기 위한 것이라는 비판에는 일정 정도의 타당성이 있습니다. 하지만 제가 다른 사람의 관심을 끌고자 하는 이유는 궁극적으로 알라의 관심을 끌기 위해서입니다.

관심 끌기를 거론하면서 디안은 경전을 인용하지 않았다. 하지만 알라의 관심 끌기는 종교 강론에서 자주 이용되는 레토릭으로,[6] 그녀가 기존의 종교적 담론을 능숙하게 활용한다는 사실을 보여준다. 자신의 행동을 선교로 규정하는 태도와 합쳐져

서 그녀의 설명은 자신의 히잡관이 이슬람의 틀 내에 있음을 강조한다.

패션 히잡이 전통보수적 이슬람에서 벗어나지 않는다는 사실을 보여주기 위한 또 다른 전략으로 디안은 '단계론'을 주장했다. 히잡을 이제 막 쓰기 시작한 사람이 처음부터 규정에 맞도록 완전히 신체를 가리기는 힘든데, 이때 패션 히잡이 이상적 단계로 나아가기 위한 전 단계에서 활용될 수 있다는 것이다. 이런 미숙한 단계의 여성에게 요구되는 태도는 질타가 아닌 따뜻한 시선이다. 그녀는 "선善을 향한 경주에서 어떤 여성은 곧바로 뛸 수 있지만, 걸어가는 여성도, 기어가는 여성도 있을 수 있다"라고 비유했다.[7]

디안의 단계론은 히자버를 전통보수적 시각과 조화시키려는 시도였다. 이상적인 상태로 나아가는 중간 단계로 인정된다면 패션 히잡은 보수 세력의 비판에서 벗어날 수 있다.

패션 히잡에 대한 디안의 관점을 검토하면 그녀가 중시하는 종교 해석의 요소가 '의도'임을 알 수 있다. 히잡 착용의 핵심은 알라의 명령을 따르려는 의도로서 겉모습만 평가하는 것은 부적절하다는 의미다. 그녀가 강조하는 의도는 모든 무슬림이 이슬람의 핵심으로 인정하는 것이다. 하지만 의도와 외적 행동의 관계에 대해 전통보수적 무슬림과 디안은 상이한 태도를 취한다. 전자에 따르면 의도와 외적 표현은 일치해야 한다. 겉으로 드러나는 모습이 교리에 부합하지 않는다면 의도와 관계없이 부적절하다는 것이다. 예를 들어 매일 특정한 시간에 올려야 하는 예배가 정해진 규칙과 다르게 행해진다면 신은 이를 받아들이지 않는다. 마찬가지로 미적 표현을 강조하는 히잡 착용은 히잡을 착용하지 않는 것과 같다.

그러나 디안은 의도를 외적 행동과 명시적으로 관련지으려 하지 않는다. 다음에 인용한 디안의 질문 속에 의도의 중요성을 역설하는 그녀의 태도가 투영돼 있다.[8]

이슬람법에 맞게 옷을 입는 사람은 (그렇지 않은 사람보다) 자신이 더 신앙심이 깊고 올바른 사람이라고 느낄 수 있습니다. 하지만 이슬람법에 맞지 않게 히잡을 쓴다 해도 그녀가 겸손하다면, 이런 마음자세를 가진 사람이 더 올바른 사람 아닌가요?

디안은 외적 행동이나 형식적인 실천보다 의도를 더 중시했다. 그녀는 이러한 견해를 뒷받침할 종교적 지식을 가지고 있는데, 앞에서 살펴본 '주읍(가슴)'에 대한 설명이 그런 예다. 그녀는 주읍의 다의적 해석 가능성을 거론하며 그것이 신체의 은폐 의무를 지시하지 않을 수 있다고 해석했다.[9]

경전에 대한 이해와 뚜렷한 신념을 가지고 있지만 그녀가 히잡 관련 교리를 매우 단순화해 제시했다는 사실에 주목할 필요가 있다. 히잡이 의무이며 알라가 아름다움을 사랑한다는 주장만을 강조할 뿐 히잡 관련 교리의 재해석 가능성을 강하게 제기하지 않는 그녀의 태도는 전통보수적 세력과의 갈등을 유발하지 않으려는 전략적 판단에 따른 것이다. 히잡 문제의 폭발력을 알고 있는 그녀로서는 본질적 차원의 논란을 회피하는 대신 히잡 착용의 자유를 확대하려고 노력했다.

이러한 태도는 히잡뿐 아니라 미적 표현 일반에도 적용됐다. 패션 히잡이 받아들여질 경우 이는 화장이나 치장과 같은 영역에서도 자기표현과 멋 내기의 자유가 용인될 수 있다. 즉 이런 입장이 의도에 대한 강조와 결합된다면 무슬림 여성이 아름다움을 추구하는 것에 대한 옳고 그름은 알라만이 판단할 수 있으며,[10] 그것에 대한 보수적 남성의 판단이나 비판은 적절치 않다는 결론이 도출된다.

아름다움이란

디안에게 아름다움은 내적, 외적 차원의 결합을 통해 가능하다. 내적 아름다움은 종교적으로 요구되는 다양한 덕목을 포함하는데, 그녀는 이를 좋은 심성, 품성, 성격을 일컫는 '아클락 akhlak'이라는 아랍어로 표현했다. 그녀는 이렇게 말한다. "아클락은 바로 우리가 입는 옷이다."[11] 아클락은 타인과의 관계에서 드러날 뿐만 아니라 신과의 관계도 반영한다. 여기서 요구되는 것은 유일신으로서의 알라에 대한 믿음과 종교적 실천이다. 타인과의 관계에서는 상냥하고, 친절하고, 잘 웃는 태도 등이 거론된다.

디안에 따르면 내적 아름다움은 외적 아름다움에 의해 뒷받침돼야 한다. 그녀는 외적 아름다움의 핵심을 구체적으로 규정하지는 않았지만, 그것을 설명하는 과정에서 조화를 강조한다. 개인과 잘 어울리는 옷과 치장이 외적 아름다움의 핵심이라는 것이다. 조화는 옷의 형태와 색, 무늬를 선택할 때 우선시된다. 조화를 가져오는 요인으로 가장 많이 거론되는 것은 상반된 성격을 가진 요소 간의 조합이다. 밝은 원색과 중간색, 타이트한 형식과 헐렁한 형식이 그런 것이다. 색과 무늬의 조화를 그녀는 이렇게 설명한다.[12]

저는 두려움 없이 모든 색을 이용합니다. 단지 하나의 조건만은 지킵니다. 검은색이나 흰색을 조합하는 것이지요. 한 벌로 된 밝은 색 옷을 입더라도 중간색이 첨가되도록 해야 합니다.

작은 무늬를 커다란 무늬와 함께, 혹은 얇은 무늬와 두꺼운 무늬를 함께 사용해보세요. 어느 무늬를 선택하더라도 하나의 모티브가 다른 모티브를 뒷받침해줄 조합을 사용하세요.

조화를 설명하면서 그녀는 '초촉cocok'이라는 인도네시아어나 '하모니harmony'라는 외래어를 사용한다. 인도네시아 문화의 핵심 가치인 초촉은 주로 자신과 주변의 관계를 설명하기 위해 이용되는데, 예를 들어 이성 관계나 개인과 직업 사이의 관계에서의 조화로움을 초촉이라는 말로 평가할 수 있다.

초촉 개념을 사용하지만, 그녀가 주장하는 조화에는 인도네시아 문화의 틀을 넘어 서양식 패션 전통, 나아가 음양오행설陰陽五行說까지 포함된다. 대학에서 패션을 전공했으니 서구식 패션 전통에 대한 관심은 당연해 보이지만, 중국식 사고를 적용한 것은 흥미롭다. 그녀는 이렇듯 자신의 입장을 뒷받침해줄 시각을 종교적 기원과 관계없이 활용한다.

복장의 조화와 마찬가지로 신체적 특성과 스타일의 조화 역시 중시된다. 이를 위해 주목된 신체 부위는 얼굴과 몸매다. 디안은 얼굴형과 조화를 이루는 화장법과 히잡, 몸매와 조화되는 패션, 피부와 조화되는 패션을 제안한다. 신체와 패션의 조합에서 가장 중시되는 요소는 상호 보완성이다. 특정한 신체적 특징을 가진 여성에게는 그것을 완화해줄 방안이 제안된다.

외적 아름다움은 조화로운 패션 스타일뿐만 아니라 신체와 건강을 통해서도 표출된다. 그녀가 제기하는 꾸밈의 미는 토털 케어, 즉 꾸미고 관리할 수 있는 모든 면을 포함한다. 이는 자연미가 아닌 꾸밈을 통한 미에 좀 더 많은 강조점이 놓여 있음을 시사한다.

신체 관리의 대상은 피부, 얼굴, 머리털, 손톱, 가슴 등 모든 신체 부위다. 디안은 신체의 아름다움과 건강을 유지하기 위한 방식을 제시했는데, 특이한 점은 여기에 성기도 포함된다는 것이다. 성기 관리는 건강 차원에서 하는데, 청결 유지, 꽉 끼는 바지 입지 않기, 팬티 갈아입기, 전용 세정제 이용 등이 권장된다.[13] 청결 유지 방식에 대한 그녀의 설명은 다음과 같다.[14]

일상적 관리법은 (……) 물로 성기 부분을 깨끗하게 한 후 말리는 것이다. 이슬람은 (소변 후) 물로 성기를 씻으라고 권한다. (……) 그리고 씻을 때는 (……) 기도를 잊지 말자. 고려해야 할 또 다른 점은 공중화장실에서 (……) 사용하는 물이다. 좋은 것은 (……) 수도꼭지에서 나오는 물을 쓰는 것이다. (……) 원칙적으로 음모를 뽑는 식으로 성기 주변의 털을 정리해서는 안 된다.

성기 관리에 나타나는 서술상의 특징은 종교적 원리가 중간
중간 삽입된다는 점이다. 청결을 단순히 건강상의 문제로만 본
것이 아니라, 종교적 가르침과 연결한 것이다. 음모 정리 역시
같은 방식으로 설명한다. 수염, 겨드랑이 털, 손톱과 마찬가지
로 음모 역시 지속적으로 관리해야 한다고 지적하는 《하디스》
를 염두에 두고 그녀는 설명을 이어간다.

신체를 관리하는 방식이 모두 종교 교리로 뒷받침되지는 않
는다. 예를 들어 건강하고 아름다운 머리털을 관리하기 위한 열
한 가지 방식에 종교 교리는 첨부돼 있지 않다. 이때 디안의 전
략은 관련 기도문을 제시하는 것이다. 머리털 관리 방법을 설명
하기 전에 그녀는 "내 머리털과 피부가 지옥불로부터 멀어지도
록 해주세요"라는 아랍어 기도문을 제시한다. 이 기도문은 빗
질하기 전에 암송하기 좋은 기도문으로 잘 알려져 있다. 그녀는
기도문 첨부를 통해 신체 관리 방식이 이슬람에서 권장하는 것
임을 부각하고자 한다.

여성의 외적 아름다움을 디안은 조화와 관리로 설명한다. 신
체와 꾸밈, 치장 요소 간의 조화뿐 아니라, 지속적인 관심과 관
리를 통해 만들어지는 신체를 중시한다. 이러한 설명은 다양한

기원을 가진 지식 체계로 뒷받침되지만, 가장 중시되는 요소는 이슬람이다. 그녀는 이슬람의 가르침을 직간접적으로 거론하면서 아름다워지기 위한 관리에 대해 설명한다.

또 신체 관리를 이야기할 때 눈썹 문신에 대한 금기를 거론하지 않는다. '이것을 하지 말아야 한다'는 식의 훈계가 아니라, 그녀의 논조는 '이렇게 해보는 것이 어떤가'라는 식의 권유로 채워진다. 이는 히잡과 관련된 그녀의 교리 해석과도 일맥상통한다. 히잡을 쓰면 다른 미적 관행이 용인된다는 주장이 신체 관리 방식에도 적용되는 것이다.

그녀의 설명을 거치게 되면 비이슬람권에서 발전된 미용 관리 방식을 이용할 자유가 무슬림 여성에게도 제공된다. 히잡을 쓴다는 전제를 받아들인다면 다양한 미용 관행이 그 종교적 기원과 무관하게 이용 가능한 대상에 포함되기 때문이다.

히자버의 활동, 현대성과 이슬람의 혼종

히자버 커뮤니티 홈페이지에는 주요 활동 대상이 무슬림 여성의 내적, 외적 삶에 도움이 되는 영역이라고 규정돼 있다. 이어 알라는 외모가 아닌 마음으로 인간을 평가한다고 지적한 후, "외적인 미는 사라지지만 내적인 미는 영원히 남아 있다"라고 언급한다.

내적 아름다움에 대한 강조를 예시하듯 히자버 커뮤니티의 주요 활동 여섯 가지 중 첫 번째는 '종교 강연'이다. 나머지 활동은 '히잡 데이', '히잡 데이 아웃 모임', '금식 후 공동 식사', '창립 축하 모임', '히잡 쓰기 트레이닝'이다. 모든 행사가 종교적 성격을 띠지만, 종교 강연을 제외한 나머지는 종교와 긴밀한 연관이 없다. 히잡을 매개로 한다는 점을 제외하면 주요 활동이 패션쇼나 식사, 모임으로 구성되며, 활동 장소와 방식도 현대적, 서구적, 국제적(세계적)인 생활양식과 연결된다. 디안 펄랑이는 이런 식의 해석에 동의하지 않을 듯하다. 그녀는 "쇼핑몰과 카페에서 모일 때 종교 이야기가 포함되면 좋지 않나요?"라고 반문하며 이슬람과 국제적인 삶이 조화를 이룰 수 있으며, 현대적이고 서구적인 장소에서도 얼마든지 이슬람 선교가 가능하다고 역설한다.[15]

우리는 유행에 따라 옷을 입으며 자신을 표현한다. 또 우리는 쇼핑몰이나 카페에서 자주 모인다. 실상 쇼핑몰에서 만날지라도 (……) 우리는 이슬람과 관련된 다양한 주제에 대해 논의한다. (……) (이슬람) 선교는 특정한 장소에 국한되지 않으며, 언제, 어디서나 이루어질 수 있다.

디안에 따르면 히자버 커뮤니티는 이슬람과 현대성을 결합할 새로운 방식을 모색하는 모임이다. 이들이 대중의 관심을 이끌어냈다는 사실은 둘 모두를 추구하려는 집단이 인도네시아 사회에 형성돼 있음을 시사한다. 현대적인 것에 대한 열망, 상업주의적 욕구, 종교적 가치 추구의 공존은 히자버 커뮤니티가 개최하는 행사에서 잘 표출된다.

히자버의 가장 중요한 행사는 1년에 한 번 개최되는 '히잡 데이'다. 참가자가 수천 명에 이르고 다채로운 활동이 기획되는 이 행사를 위해 모든 역량이 총동원된다. 2013년에 시작된 히잡 데이는 보통 네다섯 개 활동으로 나뉘는데, 2016년에는 종교 강연, 토크쇼, 패션쇼, 바자회, 기부 활동이 주를 이루었다. 종교 강연과 토크쇼, 패션쇼는 행사장에서, 바자회는 행사장 옆 상설 판매대에서, 기부 활동은 기부 물품을 직접 전달하는 방식으로 진행됐다.

히잡 데이는 모두 열 개의 부분으로 구성됐다. 첫 번째 행사인 종교 강연과 마지막 행사인 패션쇼는 모든 참가자가 함께 참여하는 형식이었고, 두 행사 사이의 토크쇼는 메인 홀에서, 강연 형식의 모임은 미니 홀에서 진행했다.

첫 행사로 종교 강연을 선정한 것은 주최 측의 지향점을 명시적으로 드러내려는 의도가 담겨 있다. 히자버 활동이 이슬람의 틀 내에서 이루어지며 선교의 목적을 가진다는 것이다. 강사로는 방송 출연이 잦고 소셜미디어에서 유명세를 타는 이슬람 지도자 세 명이 초대됐다.

강연을 제외한 다른 행사는 종교와 직접 연관되지 않았다. 토크쇼 발표자는 모두 디자이너와 연예인이었고, 히잡이 포함된 신변잡기적 이야기로 시간을 채웠다. 미니 홀에서 열린 강연 역시 큰 차이가 없었다. 강연의 주요 주제는 예쁘게 히잡 쓰는 법, 소셜미디어를 통한 창업 방법, 몸매 관리법, 소셜미디어에서 유명인의 반열에 오른 여성 청소년의 이야기,[16] 외국 유학을 위한 장학금 신청 방법이었다.

프로그램의 주요 소재, 즉 연예인, 유명인, 소셜미디어, 창업, 몸매 관리, 외국 유학 등은 히자버의 관심이 어디에 있는지를 여실히 보여준다. 이들의 지향과 관심은 인도네시아 중상층 여성의 것과 차이를 보이지 않으며, 현대적이고 소비주의적인 욕망과 연관된다. 오프라인이나 온라인에서 대중의 관심을 받고, 유명인의 반열에 오르고, 동경할 만한 외모와 패션 스타일을 갖추고, 외국에서 유학하고자 하는 욕망이 히잡 데이 행사를 통해

JAKARTA
bers
mmunity

lly Presents..

HIJAB
IT'S YOUR DAY

25 Mei 2013
Skenoo Exhibition
Gandaria City Mall
10.00 am – 10.00 pm

Inspiring Talkshow – Fashion Show – Fashion Bazaar
hibitions – Hijab & Fashion Clinic – Penggalangan 10.000 Hijab

Sandra Muhammad Assad Marshanda Fifi Alvianto Jenahara Ria Miranda
Lulu El Hasbu Bandy Marondis Puteri Hasanah Karunia Shireen

ANDRA MUHAMMAD ASSAD MARSHANDA
ANDA JENAHARA LULU EL HASBU FIFI ALVIANTO
ONARCHI SHIREEN (HIJABER KID) PUTERI HASANAH KARUNIA
RANI HATTA VIVI ZUBEDI NOVIEROCK
HIJABERS COMMUNITY JAKARTA COMMITTEE

hijabers community
proudly presents

HIJAB
IT'S YOUR DAY
DAY
2016
By HIJABERS COMMUNITY

SATURDAY
9.4.16
10.00 - 22.00 WIB
THE KASABLANKA HA
(MALL KOTA KASABLANK
HTM: 25K

PENGAJIAN | INSPIRING TALKSHOW | BAZAAR | SEDEKAH HC | HC MEMBER REGISTRA

Haykal Kamil   Zaskia Mecca   Ust. Fatih Karim   Nuri M
Marsha Nitika   Tanta Ray Misa   **Hijabers Community Committee**   Seraya Larasati   Bella
Dcky Asokawati   Restu Anggraini   Zaskia Sungkar   Londya G Bella   Shireen Sungkar   Diajeng Lestari
Ghibi Fawzi   Ayu Aryuti   Zahratul Jannah   Puteri H Karunia   Wirda Yosul Mansur   Shireeenz

Sponsored By:
Wardah   HIJUP   Softex Daun Sirih
Molto White Musk   riamiranda   kami

Media Partner:
MUSMAGZ   NOOR   RINGGEDU...
SCARF   DREAM.CO.ID
arah.com   NS

2013년과 2016년의 히잡 데이 포스터

분출됐다.

현대성의 추구는 서구적 욕망과 연결된다. 유명인, 연예인, 패션 리더를 향한 욕망은 서구식 대중문화에 노출됨으로써 자연스럽게 형성된 것이었다. 동경의 지향점이 서아시아가 아닌 미국, 유럽, 호주 같은 국가라는 점 역시 이들의 욕망이 서구적 라이프스타일에 대한 동경임을 보여준다.

그럼에도 강조해야 할 것은 세속적 성향의 무슬림과 달리 이들이 이슬람을 고수하려는 모습을 드러낸다는 것이다. 이들에게 이슬람식 가치는 전통보수적 세력의 견해와 달리 현대적 욕망을 포기함으로써만 얻어질 수 있는 것이 아니다. 그것은 현대적 욕망과 공존하기에 서구식 라이프스타일을 즐기면서 이슬람식 가치를 추구하는 일이 불가능하지 않다. 이런 점에서 이들의 욕망을 서구적인 것과 동일시할 수 없다. 이들의 지향은 현대적이고, 서구적이며, 세계적이면서 동시에 종교적인 혼종의 성격을 띤다.

히자버의 입장이 전통보수적, 세속주의적, 자유주의적 해석과 차이를 보이는 것은 히잡 데이 스케줄을 봐도 알 수 있다. 전통보수적 무슬림이 개최한 행사였다면 하루 종일 지속된 프로그램 중간에, 즉 12시, 3시, 6시, 7시에 공동 기도 시간이 삽입됐을 것이며, 첫 프로그램과 마지막 프로그램 이후 신에게 감사하는 기도 시간도 있었을 것이다. 한편 세속적, 자유주의적 무슬림의 행사였다면 행사의 첫 프로그램은 종교 강연이 아닌 전체 주제와 연관된 행사로 구성됐을 것이다. 그러나 이와 달리 히자버는 종교 강연을 첫머리에 배치했다. 이는 디안 펄랑이의 주장과 같은 맥락이다. 히잡을 쓰면 이슬람식 복장을 이미 갖춘 것이며, 히잡 외의 의복이나 멋 부리기는 사회문화적 맥락에 맞도록 자유롭게 선택할 수 있다는 것 말이다.

현대적, 서구적 지향과 종교적 지향 간의 혼종 양상을 찾을 수 있는 또 다른 면은 언어 사용이다. 히자버에게 인도네시아어와 영어, 아랍어의 혼합적 언어 사용은 문제가 될 수 없다. 그것은 라이프스타일의 문제일 뿐, 반反이슬람적 성격을 규정하는 요소가 아니다. 언어 혼합에 대한 관대한 태도는 종교 강연 포스터에서 좀 더 극적으로 볼 수 있다.

프로그램에서 인도네시아어와 영어는 서로 다른 언어인지 구분되지 않을 정도로 자연스럽게 혼재돼 있다. 드레스코드를 설명하는 부분에는 영어로 'No Tight, No Legging, No Jeans'라고 한 뒤 곧바로 'Hijab Menutup Dada'라고 인도네시아어로 표기돼 있다. 이처럼 히자버의 언어에서는 영어와 인도네시아어 표현이 능숙하게 교차되며, 메시지 전달에 용이한 언어가 선택적으로 이용된다. 이러한 언어 감각을 가진 히자버에게 이슬

허자버 커뮤니티가 개최한 종교 강연 포스터
출처: http://hijaberscommunityjakarta.blogspot.kr/2013/01/pengajian-rutin-hijabers-community.html

람과 영어를 대립되는 것으로 파악하려는 전통보수적 시각은
수용되기 힘들다. 의사 전달의 목적에 부합하는 언어라면 그것
이 영어든, 한국어든 필요에 따라 선택될 수 있다.

　히자버에게는 현대적이고 서구적인 욕망과 종교적으로 신실
하고자 하는 욕구가 배타적인 것으로 이해되지 않는다. 현대적
생활양식을 선호하고 이슬람 관련 활동을 양념처럼 삽입할지라
도 이들은 자신들이 종교를 주변적으로 취급한다고 생각하지
않는다. 이러한 태도에서 현대성의 새로운 형식을 찾을 수 있

다. 현대적인 것을 수용하면서도 종교성을 포기하지 않음으로써 이들은 새로운 의미의 혼종적 현대성을 창출했다.

종교가 중시된다는 점에서 히자버가 추구하는 현대성은 서구적인 것의 모방이 아니다. 이들에게서 나타나는 혼종적 특징은 지난 30여 년 동안 서구적 발전을 추구함과 동시에 이슬람화의 길을 걸어온 인도네시아 사회의 변화를 반영하는 것이며, 이러한 변화에 자신들의 시각을 적극적으로 투영하고 적용한 결과라고 할 수 있다.

히자버에 대한
반응

히자버의 출현은 인도네시아 이슬람의 최근 변화와 비교할 때 흥미로운 점을 가진다. 이슬람화가 확산되는 과정에서 성性적 표현의 자유를 억압하려는 시도가 보수적 무슬림에게서 나왔고, 그것이 급진적 무슬림에 의해 강력히 추동됐기 때문이다.[17] 이러한 분위기에서 복장 표현의 자유를 지지하고 현대적이고 서구화된 생활양식을 추구하는 히자버는 보수 세력의 비판에 취약할 수밖에 없다.

그러나 히자버는 자신들이 보수 세력의 비판이나 공격 대상이 되지 않으리라고 기대하는 듯한데, 이를 이해하기 위해서는 다음과 같은 점이 고려돼야 한다. 즉 이슬람에 대한 강조다. 히자버 모임에서는 공통적으로 이슬람 강연이 행해졌다. 또 패션쇼와 같이 서구적 성격을 띤 행사에 '히잡 바로 쓰기' 같은 것을 첨가함으로써 자신들의 활동이 이슬람의 틀 내에서 이루어진다는 것을 드러내려 했다. 담론 수준에서도 이들은 이슬람의 중요성을 강조했는데, 한 기자와 나눈 인터뷰에서 디안 펠랑이는 이렇게 말했다.[18]

무슬림 패션의 아름다움은 무슬림 여성을 유인해 (……) 히잡을 쓰도록 유도한다. 이것이 우리가 추구하는 이슬람 선교다. 커뮤니티 회원은 (……) 이슬람의 가르침에 부합하는 삶에 대한 지식을 공유한다. 이것 역시 우리의 선교 방식으로서 기존의 방식과 다르지만 젊은이의 세계에 훨씬 가깝다.

디안은 히자버의 활동을 선교로 정의했다. 패션을 매개로 하여 이슬람을 선전함으로써 젊은 세대에게 좀 더 쉽게 다가갈 수 있다는 것이다. 이처럼 히자버 담론에서 이슬람이 뚜렷하게 자리 잡고 있기에 이들은 자신들에게 가해질 부정적 평가를 피할 수 있으리라 기대했다. 이러한 희망은 현재까지 큰 문제 없이 실현됐다. 히잡 착용 원칙을 금과옥조처럼 수용함으로써 이들은 자신들에게 제기될 비판을 노출이 아닌 멋 내기로 전환했고, 이는 신체 노출, 성적 표현에 강력히 대응했던 전통보수적 무슬림이 히자버 활동에 개입하는 것을 어렵게 만들었다.

히자버의 높은 사회경제적 위치 역시 이들에 대한 비판적 담론의 형성을 가로막았다. 히자버 커뮤니티를 선도하는 활동가는 부티크를 운영하는 디자이너, 유명 가수와 연예인이다. 자카르타 히자버 커뮤니티 회장은 부모가 전직 장관인 상류층 집안에서 성장했고, 호주에서 유학한 후 뉴스 앵커로 활약했다. 히자버 커뮤니티에 소속된 모두가 유명인은 아니지만, 그 핵심 구성원은 중상류층에 속하는 전문직 여성이나 주부다.

히자버 커뮤니티의 높은 사회경제적 배경으로 인해 주류 미디어 역시 이들을 종교적 논란거리로 만들기보다는 기삿거리로 이용하려는 모습을 보인다. 예를 들어 '히자버는 멋을 추구함과 동시에 이슬람 규정을 고수한다'라는 기사는 히자버를 이렇게 소개한다.[19]

히자버 모델의 무슬림 복장이 더 많은 여성을 매혹하고 있다. 실제로 히잡 착용 여성은 패셔너블하게 자신을 드러낼 수 있고 유행에 뒤처지지 않는다. (……) 히자버의 의상은 멋을 갖춤과 동시에 종교적이다. 히잡 쓴 여성은 종교를 대충 따르는 것이 아니며, 멋을 갖추고 유행을 좇아 자신을 표현했다.

미디어는 히자버의 핵심 주장인 패션과 이슬람의 양립 가능성을 여과 없이 보도했다. 미디어 보도의 생산자와 소비자의 성향이 히자버와 쉽게 동조돼 이들에 대한 보도는 호의적인 내용 일색으로 채워졌다.

히자버에 대한 기업의 태도 역시 미디어와 유사했다. 히자버로 인해 무슬림 패션과 뷰티 시장이 확대될 수 있었고, 이는 히자버에 대한 기업 후원으로 이어졌다. 2016년 히잡 데이는 이슬람 패션 업체, 화장품 업체, 여성용품 업체, 세제 업체, 식료품 업체의 후원을 받았다.

화장품 업체 중 이슬람을 전면에 내건 할랄 화장품 생산 업체 와르다Wardah는 히자버 활동을 가장 적극적으로 지원했다. 서구 회사가 독점하던 화장품 시장을 급속히 잠식해 나가던 와르다로서 히자버는 사업 확장을 위한 최적의 기회를 제공했다. 세계에서 가장 큰 규모의 온라인 무슬림 패션몰 '히줍Hijub' 역시 히자버의 잠재력을 재빨리 인식했고, 히자버를 마케팅 수단으로 이용했다. 기업의 적극적인 후원은 히자버에게 우호적인 담론 형성에 일조했다.

미디어와 기업의 호의적 태도, 보수 이슬람 세력의 소극적 대응으로 인해 히자버에 대한 비판적 시각은 공적 담론의 전면으로 부상하지 않았다. 그렇다고 이것이 히자버에 대한 종교적 인정을 의미하지는 않는데, 인터넷 공간을 둘러보면 이들에 대한 비판적 논조를 쉽게 찾을 수 있다. 인터넷을 통해 표출된다는 이유로 이들 비판이 주변적이라고 평가될 수도 있지만, 그런 식으로 평가하기에는 무리가 있다. 이들이 제시하는 비판의 논거가 전통보수적 시각에 기반을 두기 때문인데, 전통보수적 성향의 무슬림에게 히자버에 대한 비판적 논리는 설득력 있게 받아들여진다.

히자버에 대한 비판은 강조점에 따라 크게 두 부류로 나눌 수 있다. 하나는 종교적 틀 내에서의 비판으로, 히자버의 복장이 히잡 착용 취지에서 벗어난다는 것이다. 히자버의 복장이 신체의 윤곽을 완전히 가리지 못한다는 점, 히자버의 화려함이 남성의 관심을 끌어 히잡의 목적을 충족시키지 못한다는 점, 장신구, 화장, 향수 등을 통한 멋 부리기가 아름다움을 숨겨야 한다는 교리에 어긋난다는 점 등이 거론됐다.[20]

히자버에 대한 또 다른 비판은 이들의 현대적이고 서구적인 생활양식에 대한 것이다. 대중적 영향력을 가진 이슬람 단체

중 유일하게 히자버에 대한 입장을 공식화한 히즈붓 타흐리르 Hizbut Tahrir는 '무슬림 여성의 아름다움에 대한 착취'라는 글에서 이렇게 비판했다.[21]

히자버는 자신을 지칭하는 데 (일반적 표현인 질밥이 아닌) 히잡이라는 표현을 더 좋아한다. 이슬람의 규정에 부합하지만 유행에 뒤처지지 않는다고 주장한다. 유감스러운 점은 의식하고 있건 그렇지 않건 간에 이들이 세속주의적, 자본주의적 패션 세계의 철학에 잘못 빠져들어 있다는 것이다. 최신 유행에 맞는 무슬림 여성의 복장이라는 주장은 이슬람식 가치로부터 매우 멀리 떨어져 있다.

급진적 이슬람 집단이 극도로 혐오하는 세속주의나 자본주의와 동일시됨으로써 히자버의 활동은 이슬람 교리에서 벗어난 것으로 규정된다. 인터넷 블로거 역시 히자버의 소비주의적이고 서구적인 생활양식을 비판했다. 한 블로거는 히자버에 대한 조롱 섞인 비판의 글을 다음과 같이 게시했다.[22]

히자버는 카페에서 만나 소란스럽게 떠들고, 밤늦게까지 파티를 열며, 새로운 제품이 나오자마자 구매하는 마니아다. 이들의 삶은 대도시 쾌락주의자의 것과 큰 차이가 없다. 단지 차이는 이들이 머리와 목을 가리는 천을 걸친다는 것뿐이다. '천을 걸친다'라고 표현한 이유는 이들의 복장이 이슬람에서 의무화한 질밥이나 히잡이 아니기 때문으로, 이들에게 히잡이라는 표현은 상표에 불과하다.

히자버에 대한 이런 비판은 전통보수적 무슬림의 공감을 쉽게 얻는다. 패션에 대한 강조, 현대적이고 소비적인 생활양식은 전통보수적 무슬림이 부정적으로 평가하는 요소, 즉 타인의 이목을 중시하는 행동이나 호화롭고 사치스러운 삶과 동일시되기 때문이다.

히자버는 기존의 종교 해석과는 차별적인 새로운 시각을 제기했다. 보수적으로 해석된 교리를 굳건하게 지지하지만, 세부적 규정에서는 형식보다 의도를, 외적 표현보다 내적 차원을 강조함으로써 멋 내기의 자유를 주장했다. 이런 혼종적 해석은 유행을 추구하면서도 이슬람과의 끈을 유지하고자 하는 중상류층 여성의 호응을 이끌어냈다.

히자버에 대한 전통보수적 무슬림의 침묵이 완전한 인정을 의미하지는 않는다. 아름다움의 은폐를 중시하는 이들이 패션 히잡을 수용하기는 쉽지 않으며, 서구식 소비문화를 반이슬람적으로 바라보는 이들이 양자의 통합을 받아들이기에는 한계가 있다. 히자버에 대한 보수적 무슬림의 잠재된 불만은 우연한 기회에 표출할 기회를 찾았는데, 히자버와 유사하면서도 차별적인 성격의 패션 형식을 지칭하는 표현으로 '히잡 가울'을 대체할 개념이 출현했기 때문이다.

질늅,

히잡과 미적
표현의
자유[1]

5

●

'질붑'이라는 생소한 단어가 부상한 계기는 소셜미디어였다. 히잡의 인도네시아어 표현인 질밥과 영어 단어 붑boob을 결합한 질붑은 2012년 트위터의 해시태그를 통해 처음 등장했다.[2] 이 표현은 대중적 관심을 받지 못한 채 사장될 뻔했지만, 2014년 초 페이스북에 '질붑 커뮤니티Komunitas Jilboobs Indonesia'가 만들어져 주목을 받게 되자 급속도로 유행하게 됐다.

이 커뮤니티의 설립 목적은 '서로 나누는 것의 아름다움'이다. 질붑의 의미처럼 공유 대상은 몸의 윤곽, 특히 가슴의 윤곽이 뚜렷하게 드러나는 옷과 히잡을 함께 착용한 여성의 사진이었다.

패션 면에서 보면 질붑은 2000년대 이후 히잡의 대중화 과정에서 나타난 히잡과 일상복의 조합, 즉 '히잡 가울'과 같은 선상에 있었다. 하지만 새로운 표현은 히잡 가울과 질적인 차이를 보였다. 히잡 가울이 히잡 패션의 한 종류로, 그것을 착용하는 여성에 의해 이용된 반면, 질뷥은 관음증적 욕망을 충족하려는 남성에 의해 만들어지고 유통됐다.

질뷥 커뮤니티의 초기 프로필 사진에는 상체의 윤곽이 뚜렷이 드러난 옷을 입은 히잡 쓴 여성이 보인다. 빨간색 히잡과 파란색 상의의 대비가 두드러진다. 사진의 출처는 따로 제시되지 않아서 인터넷에서 무단으로 '퍼온' 것임을 알 수 있으며, 이 사진에 달린 댓글은 여성에 대한 음담패설과 성적 표현이 주를 이루었다.

질뷥 커뮤니티가 인기를 끌자 게시되는 사진의 노출 수위는 점점 높아졌고, 포르노성 사진 역시 올라왔다. 이런 사진에 달리는 댓글은 음담패설적 성격을 더욱 강하게 띠었고, 심지어 매매춘을 선전하는 글이 첨부되기도 했다.

2014년 중반을 지나며 질뷥 사진은 소셜미디어를 통해 급격히 확산됐다. 이 시기는 스마트폰이 본격적으로 보급된 때로 질뷥은 남성의 흥미를 유발할 최적의 콘텐츠였다. 대중적 관심이 고조되자 질뷥은 미디어의 기삿거리로 수용됐고, 그에 대한 여러 집단의 입장 표명을 유발했다. 그중 가장 큰 파급력을 가진 것이 전통보수적 이슬람을 대변하는 단체 '인도네시아 이슬람 지도자 협의회MUI'의 견해였다. 언론 인터뷰 과정에서 MUI

소속 위원은 질붑을 종교법상 금지된 행동을 일컫는 '하람'으로 규정하는 결정, 즉 '파트와fatwa'를 제시했고, 그 근거로 과거에 발표된 파트와를 언급했다. 2001년 MUI가 발표한 '포르노그래피 및 성적 행동에 대한 파트와'는 노출 관련 규정을 다음과 같이 제시했다.

7조: 남성의 경우 배꼽부터 무릎까지, 여성의 경우 얼굴, 손바닥, 발바닥을 제외한 부위를 드러내는 것은 (……) 하람이다.

8조: 몸매를 드러내고 피부가 비치는 옷 혹은 몸에 꽉 끼는 옷의 착용은 하람이다.

9조: 혼외 성관계를 유도하는 행위와 말은 (……) 하람이다.

포르노그래피 금지를 주요 목적으로 했음에도 2001년 파트와는 신체 노출과 성적 행위 관련 규정까지 포함했다. 전통보수적 견해에 기반을 둔 파트와의 7조는 남녀의 노출 허용 부위를 제한했다. 8조는 질붑 금지와 직접 관련해 몸매를 드러내는 복장의 착용을 금지했다.

질붑에 대한 파트와가 제시되자 신문과 방송에서는 이를 앞다투어 보도했다. 보도 형식은 크게 두 방향으로 나뉘었는데, 하나는 파트와 소개 후 그에 동조하는 코멘트를 첨가하는 것이고, 다른 하나는 그와 관련된 서로 다른 입장을 제시하는 것이었다. 전자의 형식을 취한 SCTV의 뉴스는 다음과 같았다.[3]

질늅이 여성의 신체를 가리도록 하는 종교적 규정에 부합하지 않음은 명백하다. (……) 질늅 현상은 (올바르게) 히잡을 착용하는 여성으로부터 안타까움과 항의를 불러일으키는데, (……) 그것이 히자버뿐만 아니라 무슬림 여성 일반의 명예를 떨어뜨리고 모욕하는 것이라 평가되기 때문이다.

뉴스에서는 질늅을 부정적으로 평가한 후 그것이 무슬림 여성의 명예를 떨어뜨리는 모욕적 행위임을 지적했다. 이 보도에서 흥미로운 점은 히자버를 무슬림 여성과 분리해 제시한 것이었는데, 이는 패션 히잡과 질늅이 명백하게 다른 것임을 부각하는 효과를 가져왔다.

두 번째 보도 형식은 MUI의 파트와를 제시한 후 이슬람 지도자, 히자버 커뮤니티 회원, 패션 업계 종사자, 여성 연예인, 학자 등의 의견을 첨부하는 것이었다. 이들의 입장이 찬성과 반대로 명백히 대별되지는 않았지만, 보도 과정에서는 찬반 입장인 것처럼 취급됐다.

첫 번째 입장은 MUI에 동조하는 시각으로, 이슬람 지도자와 일부 여성 연예인이 제기했다. 이들은 몸매 노출이 남성의 성적 충동을 불러일으킴으로써 이슬람 교리에 부합할 수 없음을 지적했다. 한 종교지도자는 질밥이 옷을 벗고 있는 것과 동일하다고 언급한 후 그것으로 인해 성범죄율이 높아진다는 주장을 덧붙이기까지 했다.[4]

두 번째 입장은 히자버 커뮤니티 회원, 패션 업계 종사자, 여성 연예인, 학자 등에 의해 제기됐다. 첫 번째 입장에 반대되는 것으로 소개됐지만 실제로는 그렇지 않으며, 질밥을 바라보는 따뜻한 태도를 요구한다는 차이가 있었다. 이들은 질밥에 대한 비난을 우려하면서 질밥 착용 여성이 최근에야 히잡을 쓰기 시작했을 개연성을 지적했다. 즉 히잡 착용 기간이 오래되지 않아 시행착오를 겪는 이들에게 가혹한 비판은 자제해야 한다는 것이다. 히자버 패션디자이너 즈나하라Jenahara는 자신의 의견을 이렇게 개진했다.[5]

히잡 착용은 하나의 과정이다. 일부는 올바른 히잡 착용이 어떠해야 하는지 지적하기를 원할 것이다. (……) 하지만 나는 질밥 관련 현상이 사람들의 걱정거리가 되지 않기를 희망한다. (질밥 착용 여성이) 히잡을 쓰는 올바른 방식이 무엇인지 스스로 찾아갈 수 있도록 해야 한다.

질붑 착용 여성에 대한 따뜻한 시선을 요구하지만, 즈나하라를 포함해 질붑에 대한 비판 자제를 요구하는 사람들은 첫 번째 입장과 동일한 선상에서 질붑을 바라본다. 이들 역시 신체의 윤곽이 드러나지 않게 옷을 입어야 한다는 점에 동의하며, 단지 방법론적 차원에서 이견을 보일 뿐이다. 이들에 따르면 질붑 착용 여성은 준비가 부족하고 종교적 이해가 충분하지 않은 사람이니 격려와 칭찬을 통해 이들이 올바른 길을 찾아가도록 도와주어야 한다는 것이다.

단계론은 앞에서 살펴본 디안 펄랑이도 제기한 것이다. 신체의 은폐를 이상적 상태로 전제한다는 점에서 그것은 전통보수적 시각에 기반을 두지만, 디안의 해석처럼 내면의 차원이 추가될 경우 상이한 해석을 가져올 수 있다. 내면이나 마음이 강조될 경우 겉으로 드러나는 모습에만 초점을 맞춘 평가는 큰 의미를 갖지 못하기 때문이다. 하지만 이러한 대안적 해석 가능성은 즈나하라의 입장에는 표현돼 있지 않다. 디안 펄랑이 역시 유사한 경향을 보였다. 질붑에 대해 인터뷰하면서 그녀는 "초등학교 학생이 곧바로 고등학교에 갈 수 없는 것처럼 우리 역시 과정을 존중해야 한다"라고 말했을 뿐 의도나 내면을 거론하지는 않았다.[6]

단계론이 질붑에 대한 보수적 시각과 대립되는 입장으로 설정됨으로써 질눕 담론은 남성 중심적 관점을 강제하려는 견해와 그것에 원론적으로 동의하지만 과정상의 실수를 이해하자는 견해의 대립으로 고착화됐다. 이러한 구도가 형성됨으로써 남성 중심적 시각에서 벗어난 대안적 관점, 예를 들어 복장을 종교적 문제로 취급하지 않거나 그것을 여성의 시각에서 바라보려는 관점은 주변화됐다. 결과적으로 질눕 논쟁은 히잡이 이슬람 교리에 부합한지를 논의하는 근본적 수준으로 전환되지 않은 채 남성 중심적 시각 내에서의 '사소한' 의견 차이로 비추어지게 됐다.

디안 펄랑이를 비롯한 히자버가 질눕에 대한 대안적 입장을 표명하지 않은 이유는 명확했다. 그것에 대한 비판이 난무하는 상황에서 대안적 의견 표명은 보수적 무슬림과의 전면적인 대립을 야기하고 논란을 증폭할 수 있기 때문이다. 2000년대 이후 여성 관련 화제가 표현의 문제로 전환될 때마다 보수 세력의 공세가 거세졌음을 경험한 이들은 질눕 문제에 일정한 거리두기 전략을 택했다. 하지만 이들이 적극적으로 대응하지 않음으로써 질눕 담론은 마녀사냥식 비판과 관음증적 욕구 충족에 의해 주도됐다.

히자버가 우려한 상황, 즉 보수적, 남성 중심적 시각에 반대되는 견해를 표명하면 얼마나 가혹한 비난과 공세가 이루어지는지는 우연한 계기를 통해 확인됐다. 유명 여배우인 자스키아 메카Zaskia Mecca가 인터뷰 과정에서 부지불식간에 대안적 관점을 제시하자 즉각적인 논란이 발생한 것이다.

질붑을 둘러싼 논란

자스키아의 인터뷰는 '질붑이 뭐가 잘못이죠?'라는 도발적인 제목으로 일간지 〈템포Tempo〉에 게재됐다. 이 제목은 기사에 인용된 그녀와의 인터뷰 첫머리에 등장한다.

> "정말로, 질붑이 뭐가 잘못이죠?"라고 (……) 패션쇼에서 만난 자스키아가 말했다. "질붑 착용 여성은 최근에야 히잡을 쓰기 시작해서 다른 옷이 없었을 수도 있을 테죠."

히잡 착용이 얼마 되지 않아 몸매가 드러나는 옷을 입을 수밖에 없었을 것이라는 자스키아의 견해는 히자버에 의해 자주 이용된 레토릭으로, 서두의 도발적 질문이 흥미 유발을 위한 과장된 것임을 추정할 수 있다. 하지만 이후 인터뷰에서 그녀가 보수적, 남성 중심적 종교 해석과는 차별적인 관점에서 질붑을 바라본다는 것이 드러났다.

(질눕 착용을 긍정적으로 보지만) 자스키아는 이러한 평가가 질눕 미착용자를 부정적으로 본다는 사실을 의미하지 않는다고 말했다. "우리는 사람들이 무슨 생각을 하고 있는지 정확히 알 수 없어요."

자스키아가 중시한 것은 의도였다. 그녀는 의도는 쉽게 파악할 수 없는 것이라고 강조하면서 외적인 모습만 보고 질눕을 평가하려는 시각은 부당하다고 지적했다. 따라서 특정한 방식으로 히잡을 쓰거나 히잡을 쓰지 않는다고 해서 이를 비이슬람이라 규정할 수는 없다.

질눕에 대한 그녀의 시각은 다른 인터뷰 기사에서 좀 더 명확하게 드러난다. 그녀는 '우리보다 더 나쁘고 못됐다고 평가되는 사람이 실상은 우리보다 더 좋고 선한 사람일 수 있으며', '우리가 경멸하는 사람이 알라 앞에서는 우리보다 더 좋은 사람일지 아무도 알 수 없다. 따라서 (질눕에 대해) 불만이 있다면 (질눕 착용 여성이 좀 더 적절하게 히잡을 쓰도록) 기도하면 되는 것이지 질눕을 없애버리려 하거나 질눕에 대해 욕해서는 안 된다'고 했다. 또 진짜로 비판해야 할 대상은 질눕 사이트를 만든 남성이라고 지적했다. 그들의 행위가 히잡 착용 여성을 모욕하고 이슬람을 비

자스키아의 인스타그램 사진
출처: https://www.instagram.com/zaskiadyamecca

방한다는 것이다.[7]

　2000년대 초 TV 드라마로 데뷔한 자스키아는 2008년 공전
의 히트를 친 이슬람 영화 〈사랑의 시Ayat-ayat Cinta〉에 등장한
이후 유명 배우의 반열에 올랐다. 이후 이슬람을 소재로 한 몇
편의 영화에 더 출연함으로써 그녀의 유명세가 종교와 밀접한

관련이 있음을 보여주었다. 이슬람과 연관된 자스키아의 인터뷰 기사는 곧바로 대중의 관심을 집중시켰다. 특히 '질밥이 뭐가 잘못이죠?'라는 기사 제목은 소셜미디어에 적합한 자극적인 것으로, 트위터와 블로그 그리고 다른 미디어 매체를 통해 급속히 확산됐다.

자스키아에 대한
비판

자스키아의 견해에 대한 일반 대중, 특히 네티즌의 대응은 즉각적이었다. 그녀의 인터뷰 기사가 인도네시아에서 가장 유명한 온라인 포럼 '카스쿠스Kaskus'의 토론글로 상정되자, 이틀 만에 541개의 댓글이 달렸고, 이후 653개에 이르렀다. 이 댓글을 통해 히잡에 대한 대안적 시각이 남성 중심적 네티즌에 의해 어떻게 받아들여졌는지 알아볼 수 있다.

주로 한두 줄의 댓글이 많았고, 이모티콘이나 한두 단어로만 작성된 댓글도 있었지만, 열 줄 이상의 댓글도 쉽게 볼 수 있었다. 댓글은 부정, 긍정, 중립의 세 범주로 나눌 수 있다.

부정적 댓글은 548개(86퍼센트), 긍정적 댓글은 38개(6퍼센트)

로, 부정적 댓글이 압도적이었다. 부정적 댓글 중 가장 많은 비중을 차지한 것은 비아냥거림이었다. 비판적 성격의 글과 비교할 때 이 범주의 글은 자스키아에 대한 조롱과 인신공격을 목적으로 하거나 악의적 표현이나 과도한 감정이 드러난 것도 포함된다.

비아냥거림 범주에 속한 댓글은 그녀가 종교에 대해 알지 못하고 멍청하며 나대려 한다고 비방했고, 대중의 이목을 끌어 인기를 높이려 하거나 히잡 장사를 하려 한다는 식으로 그녀의 인터뷰 내용을 평가절하했다. 그녀가 이단에 빠졌다고 평가하기도 했으며, 심지어 그녀를 이교도로 지목한 글도 있었다. 또 그녀의 과거 행적이나 그녀의 남편인 영화감독 하눙 브라만티오 Hanung Bramantyo를 거론해 경멸조의 댓글을 달기도 했다. 그는 이슬람을 소재로 한 대중성 있는 영화를 제작해 흥행에 성공한 감독이었다. 하지만 이슬람에 대한 다원주의적 관점에서 보수적, 남성 중심적 이슬람을 비판하는 작품을 제작함으로써 주류 무슬림의 비난을 받았고, 자유주의자로 낙인찍히기도 했다.[8] 이런 남편에 대한 평가가 아내인 자스키아에게 투영됨으로써 그녀의 인터뷰는 자유주의에 부여된 부정적 속성, 예를 들면 자의적, 비논리적, 서구적, 반이슬람적인 것으로 규정됐다.

두 번째로 많은 비중을 차지한 부정적 댓글은 그녀의 인터뷰 내용이나 질밥 착용 방식을 비판한 것이었다. 한두 줄의 댓글이 많았지만, 길게 쓰거나, 《코란》 구절을 인용한 댓글도 있었다. 자스키아의 인터뷰 내용 중 어느 면에 초점을 맞출지에 따라 비판적 성격의 글은 세 범주로 나눌 수 있다. 첫째, 인터뷰 내용 전체가 아닌 제목에 초점을 맞추었다. 보통 질밥이 이슬람 교리에 위배된다는 점을 지적했는데, 미디어 보도에서 자주 거론된 '몸을 가림'과 '몸을 둘러쌈'의 대조가 이용됐다. 즉 몸을 꽉 둘러싸는 옷을 입기 때문에 몸매를 가리도록 한 원래의 목적을 충족하지 못한다는 것이다.

이슬람 교리를 부각할 경우 논의는 히잡 착용 의무의 취지로 확대될 수 있다. 비판 글은 질밥이 몸매를 드러냄으로써 남성을 유혹하거나 성욕을 유발할 수 있다고 강조했다. 성적인 문제와 연관되기에 이 범주의 댓글에는 저속한 표현이 자주 등장했다.

둘째, 자스키아의 인터뷰 중 히자버의 주장과 동일한 내용에 초점을 맞추었다. 히잡 착용 규정을 모르거나 규정에 맞는 옷이 없기에 질밥 착용자가 됐다는 주장에 대해 비판 글은 히잡 관련 교리에 노출되는 것이 자연스러운 현실임을 지적하면서 그것이 변명에 불과할 뿐이라고 단언했다. 자스키아의 인터뷰에 나오지 않는 히자버의 주장, 즉 히잡과 패션의 양립 가능성 역시 비판의 대상이 됐다.

셋째, 기사에 나온 자스키아의 입장 자체를 대상으로 삼는다. 즉 외적 형식은 중요하며 무슬림으로서의 의무는 의도와 관계 없이 반드시 지켜야 한다는 것이다. 이러한 관점에서 본다면 외적으로 표현되는 것만으로 타인을 평가할 수 없다는 자스키아의 주장은 용인될 수 없다. 질밥 여성의 의도 역시 비판하는데, 종교적 규칙을 따르려는 마음이 아니라 남에게 잘 보이려 하거나 자기 몸매를 과시하려는 목적과 연결된다고 평가했다. 비판 글에 따르면 외적 형식을 경시하는 자스키아의 입장은 자유주의적인 종교 해석이었다.

자유주의적 해석이 서구식 대중문화를 통해 침투한다는 주장은 보수적 무슬림이 지속적으로 제기해왔던 것이다.[9] 따라서 서구식 대중문화를 선도하는 자스키아와 그녀의 남편에게 자유주의적이고 반이슬람적이라는 낙인이 손쉽게 부여될 수 있었다.

세 번째로 많은 댓글은 음담패설이며, 관음증적 욕구 표출이 주를 이루었다. 이 중 상당수는 자스키아에게 질밥 착용이나 아예 옷을 벗고 사진을 찍어 올려달라고 했고, 일부지만 질밥 착용 여성의 사진에 성적인 글을 덧붙이기도 했다.

보수적, 남성 중심적 시각을 전면적으로 비판하지 않았는데도 자스키아는 인신공격과 음담패설의 대상이 됐고, 과거의 행적까지 들추어지며 비난을 받았다. 인터넷 공간이 익명성이 보장된다는 이유로 개인의 의견이 과장되거나 극단적으로 표출될 수 있음을 고려할지라도 자스키아의 인터뷰에 대한 비판 글은 질뉩을 긍정적으로 바라보려는 시도가 어떤 반발을 불러일으킬지 예상할 수 있게 했다.

자스키아에게 질뉩 사진을 올려달라고 요구하는 댓글이 보여주듯, 다수의 네티즌은 성적 판타지와 욕구 충족의 소재로 질뉩 착용 여성을 대상화했다. 그럼에도 그들은 질뉩 착용 여성을 종교적 의무를 위반한 죄인으로 규정하면서 자신들의 종교적 우월성을 강조하고자 했다. 또 과거에 담배를 피웠다는 그녀의 일탈을 들먹이면서 여성의 자유로운 미적 표현에 대한 가부장적 통제의 당위성을 역설하고자 했다.

앞서 지적했듯이 질뉩이라는 표현 자체가 남성이 만든 것이기 때문에 질뉩 관련 논란은 남성 중심적으로 진행됐다. 질뉩 착용 여성은 일방적으로 비판과 비난의 대상이 됐고, 자스키아처럼 이들을 옹호하려는 움직임에는 즉각적인 분노가 표출됐다.

물론 이러한 상황이 계속됐다고 해서 질뉩, 나아가 히잡에 대한 대안적 시각을 견지한 무슬림이 없었다는 말은 아니다. 질뉩 현상에는 침묵했을지라도 전통보수적 무슬림과는 상이한 관점에서 히잡을 바라보려는 무슬림 역시 지속적으로 자신들의 활동을 이어 나갔다.

히잡과 비키니

질붑은 히잡이 아니다.

당신은 아시나요?

질(JIL) = 이슬람 자유주의 네트워크

붑 = 가슴/ 유방/ 가슴골

질붑은 히잡이 아니라 '질(JIL)'에 동조하는 여성의 가슴……

히잡은 무슬림 여성의 명예를 지키고 존중하는 반면

질붑은 무슬림이라 불리는 여성의 움푹 들어간 몸매 드러내기.[10]

이 글은 질붑이 유행하면서 인터넷에 유포된 글이다. 질붑 비판을 위해 작성자는 질붑의 첫 음절 'jil'을 대문자 'JIL'로 변환했다. 이것만으로도 질붑에 대한 비판이 충분하다고 느낄 수 있는 이유는 JIL을 공공의 적으로 간주하는 종교적 분위기 때문이다.

JIL은 2000년대 초반 결성된 '이슬람 자유주의 네트워크 Jaringan Islam Liberal'라는 단체의 머리글자다. 무슬림 지식인을 주요 구성원으로 하여 조직된 JIL은 자유주의적이고, 관용적이며, 다원주의적인 종교 해석을 설파함으로써 전통보수적 세력과 대립 상태에 있었다. 이로 인해 보수 세력을 대표하는 MUI

는 JIL을 종교적으로 금지된 단체로 규정했고, 인도네시아의 가장 큰 이슬람 단체 엔우는 JIL 회원의 조직 내 선거 입후보를 제한했다. 이러한 행보는 대중에게도 영향을 미쳐서 JIL은 편향된 서구식 성향을 가지고 왜곡된 교리 해석을 행하는 단체로 여겨졌다. 따라서 jil의 JIL로의 변환은 질붑에 대한 비판적이고 냉소적인 태도를 반영하는 것으로 받아들여진다.

JIL은 히잡을 종교적 의무로 바라보려는 해석에 반대하며, 히잡 관련 교리의 핵심을 특정 지역의 기준에 부합하는 옷으로 규정했다. JIL의 설립자 중 한 명은 히잡에 대한 이러한 시각을 수영복에 비유해 설명했다. 수영을 하기 위해 비키니를 입는 것처럼 예배를 위해 히잡을 쓰는 것이며, 수영장 밖에서 비키니를 입는 것이 비정상적인 것처럼 히잡 역시 그렇다는 것이다.[11]

히잡에 대한 입장을 뒷받침하기 위해 JIL은 두 가지 근거를 제시했다. 첫째, 교리에 대한 역사적 접근이다. JIL은 히잡 관련 교리가 일반 여성을 노예와 구분해 보호하기 위한 목적으로 계시됐으며, 히잡이 이슬람 이외의 다양한 문화권에서 착용돼온 의상임을 강조했다.

둘째, 인도네시아의 상황에 대한 JIL의 고민이 투영돼 있다. 이들은 역사적으로 히잡과 신앙심이 긴밀하게 관련돼 있지 않음에 주목했다. 인도네시아의 여성 영웅으로 칭송받는 인물 중 히잡을 쓴 사람은 없었다. 예를 들어 네덜란드와의 독립전쟁에서 활약한 춧 니악 디엔Cut Nyak Dien은 수감 중 시각장애인이 됐어도 《코란》을 가르칠 정도로 신앙심이 깊었고, 순교자로 여겨지지만 히잡을 쓰지 않았다. 이와 반대되는 상황 역시 JIL의 주목을 끌었다. 창녀가 신분을 숨기기 위해 히잡을 쓰거나 연예인이 라마단 기간에 히잡을 착용하는 것을 예로 들어 히잡이 무슬림의 정체성이나 신실함을 드러내는 매개일 수 없다고 지적했다. 이를 통해 얻게 된 결론은 다음과 같다.[12]

> 역사적으로 히잡은 많은 의미를 지녔다. (……) 히잡은 더 이상 종교적 의무, 금지와 허용, 도덕과 비도덕의 구분과 관련된 문제가 아니다. 히잡은 다양한 의미와 개인적 욕구로 채워진 상징으로서, (진정한 종교적 의미는) 그것의 착용 여부가 아니라 그것을 어떠한 이유로 착용 혹은 착용하지 않는가에 달렸다.

히잡 착용을 상대화해 바라봄으로써 JIL은 그것을 통해 무슬림 여성을 구분 지으려는 전통보수적 무슬림을 비판했다. 히잡은 여러 의미를 가진 상징이며, 그것의 의무화는 사회문화적으로 적절치 않다.

JIL은 정치적 관점에서도 히잡을 조망했다. JIL에 따르면 수하르토 정권하의 히잡 금지와 지역 조례에서의 히잡 의무화는 표면적 차이는 있지만 동일한 논리에 기반을 둔다. 두 정책 모두 여성에 대한 통제를 목적으로 한다. 따라서 히잡을 벗도록 하는 것이든 쓰도록 하는 것이든, 이런 식의 정책으로 인해 여성은 피해자로 전락했다.[13]

몇몇 여성은 히잡을 쓰지 않는다는 이유로 압박받고 차별받았으며 (……) 히잡을 쓴다는 이유만으로 승진이 되는 여성이 있음을 경험했다. 이들 중 일부는 결국 평화롭게 일을 하기 위해 히잡을 선택했다.

히잡 없이는 학교에 갈 수도 없고 승진하기도 어려운 상황, 히잡을 쓰지 않은 여성이 남성을 유혹하는 존재로 묘사되는 상황은 권력을 가진 남성에 의해 히잡이 여성을 통제하는 수단으로 이용된다는 것을 시사한다. JIL은 히잡의 권력화가 이슬람 교리에 어긋난다고 주장했다. 특정 행위의 강제는 이슬람의 정신에 위배되며, 비종교적 문제를 자의적으로 종교적 문제로 환원하는 것이다. 보수적 이슬람 지도자가 히잡을 도넛 포장지에 비유한 것을 차용해 한 JIL 회원은 포장재보다 내용물이 중요하며, 형식이 아닌 지혜와 현명함의 함양이 히잡 교리의 핵심임을 지적했다.[14] 이처럼 JIL은 히잡 착용이 여성의 의무가 아니라고 보았다. 즉 히잡 관련 교리는 복장의 구체적 기준이 아닌 포괄적 원칙만을 제공해줄 뿐이며, 각 지역의 전통에 따라 적절하고 수수한 옷을 입으면 된다는 것이다.

이렇게 히잡에 대한 대안적 시각을 가지고 있었지만, JIL은 질법 논쟁에 개입하지 않았다. 질법에 대한 입장을 공식화하지 않았고, 개별 회원 역시 자신의 의견을 미디어에 개진하지 않았다. 이들의 침묵을 설명하기는 쉽지 않다. 히잡에 대한 입장이 이미 사회적으로 명확하게 표명됐기 때문일 수도 있고, 미디어의 관심을 피하고자 했기 때문일 수도 있다. 그렇다고 해서 이들의 침묵이 질법 비판에 대한 동조를 의미하지는 않는다. 이들이 볼 때 질법은 개인의 문제일 뿐이며, 사회적으로 인정되는 정숙성의 기준에서 벗어나지 않는 한 비난의 대상이 돼야 할 이유는 없다.

히잡 착용 기준의 대두

미셸 푸코에 따르면 사물은 언어로만 인식될 수 있으며, 명명 작업은 그 말로 지시되는 사물의 특성을 정의하는 행위다.[15] 어떤 사물에 대한 명명 작업은 그에 대한 지배와 통제 역시 가능하게 한다. 이러한 점을 고려한다면 '질밥'의 출현은 인도네시아의 히잡 역사에서 중요한 의미를 가진다. 이전까지 명확하게 개념화되지 않았던 무슬림 여성의 차림새를 명명할 수단을 제공함으로써 질밥은 무슬림 여성의 복장을 남성의 평가, 비판, 통제의 대상에 편입시켰다. 또 이전까지 여성 개인의 문제로 간주되던 문제에 남성의 개입을 정당화했다.

질밥 담론이 가져온 또 다른 결과는 히잡 착용 기준을 종교적 담론의 주요 대상으로 편입시켰다는 점이다. 막연히 이야기되던 히잡 착용 기준은 '올바른 히잡 착용 방식'과 같은 글을 통해 구체화되고 재생산됐다. 아랍어 단어 '샤리syar'i'의 유행 역시 같은 맥락에서 이해할 수 있다. '이슬람에서 요구되는 규정'을 뜻하는 이 말은 이슬람법을 의미하는 '샤리아'와 유사한 의미를 가진다. 과거에는 쓰이지 않던 이 어휘는 질밥과 함께 등장했는데, 상체를 완전히 가릴 정도로 넓고 멋 내기 요소는 전혀 없는 히잡을 가리킨다.

올바른 히잡 착용 방식으로 거론된 기준은 다양하다. 크게 두 범주로 나눌 수 있는데, 하나는 아랍 학자의 입장을 그대로 따른 것이고, 다른 하나는 작성자의 시각이 개입돼 관련 기준 중 일부만 선택한 경우다. 아랍 학자의 견해 중 자주 거론되는 것은 알알바니al-Albany의 해석이다. 보통 여덟 개의 기준이 제시되며, 경우에 따라 열두 개까지 확장된다. 다음은 '샤리'에 속하는 여덟 개의 기준이다.

① 노출 허용 부위(얼굴과 손)를 제외한 몸 전체를 가려야 한다.
② 투명하지 않은 천이어야 한다.
③ 몸매의 윤곽이 드러나지 않도록 옷의 폭이 넓어야 한다.
④ 남성의 옷을 닮아서는 안 된다.
⑤ 이교도의 옷을 닮아서는 안 된다.
⑥ 향수를 뿌려서는 안 된다.
⑦ 치장이나 단장의 목적을 가져서는 안 된다.
⑧ 관심을 끌지 않아야 한다.

여기에 옷의 재료가 할랄이어야 하고, 사치스럽지 않아야 하며, 낭비적이지 않고, 동물이나 사람 문양이 없어야 한다는 기준 등이 더해지기도 한다.

이 여덟 개의 기준을 놓고 본다면 히잡 착용 여성의 미적 표현은 원천적으로 불가능하다. ⑦은 옷을 입는 목적이 치장을 위한 것이 아님을, ⑧은 타인의 관심을 끌지 않는 평범한 옷만을 허용함을 규정한다. ⑦은 옷뿐 아니라 액세서리와 화장에도 적용된다.

④와 ⑤ 역시 옷을 통한 미적 표현을 극도로 제한한다. ④를 엄격히 적용하면 무슬림 여성의 바지 착용은 불가능하다. 현대 사회에서 패션의 중심이 서구 사회임을 고려한다면 ⑤는 서구의 패션산업에서 추구되는 모든 행위가 금지될 수 있음을 의미한다. 여덟 개의 기준을 적용하면 질밥은 명백히 종교적 의무를 저버린 비이슬람적 의복 스타일이다.

같은 평가는 히자버에게도 적용된다. 히자버는 ①～③을 충실히 따르는 경향을 보이지만, 이들이 패션을 따르고 바지를 거부하지 않으며 옷과 어울리는 다양한 액세서리와 화장에 많은 노력을 기울인다는 사실은 ④～⑦을 충족시킬 수 없음을 의미한다. 또 히자버는 부정하지만, 이들의 차림새가 타인의 이목을 끌기 때문에 ⑧ 역시 지켜질 수 없다.

질밥 논란으로 시작된 올바른 히잡 착용 담론은 질밥 착용 여성뿐 아니라 히자버에게까지도 부정적인 평가를 가져올 수 있었다. 하지만 질밥 착용 여성과 달리 히자버는 일방적인 비난의 대상으로 전락하지 않았다. 이들이 자신을 대변할 담론을 만들어 대응할 능력을 갖추었기 때문이다. 이들은 여덟 개의 기준 중 ①～③만이 포함된 히잡 착용 기준을 설정하고 이를 신문 기사나 블로그를 통해 설파하려 했다. 이들에 따르면 ④～⑧

기준은 상황에 따라 가변적인 것으로서 이를 절대화하여 적용하는 것은 적절치 않다.

그럼에도 질밥의 유행, 그에 대한 보수적 무슬림의 가혹한 비판은 히자버를 딜레마에 빠뜨렸다. 한편으로 이들은 자신들의 복장이 질밥이 아님을 항변해야 했지만, 다른 한편으로 질밥을 비난하는 남성 중심적 시각에 일방적으로 동의할 수도 없었다.

이들의 딜레마적 상황은 질밥의 대응 과정에서도 나타났다. 미디어 보도에서 히자버의 대표적 인물은 단계론을 주장하며 질밥 착용 여성에게 따뜻한 시선을 보내줄 것을 말했다. 하지만 이들은 히자버와 질밥을 분리해야 할 필요를 느꼈고, 보수적 기준과 질밥 사이에 제3의 공간을 설정함으로써 이를 성취하려 했다.

히자버의 차별화 전략은 때로 드라마틱하게 표현되기도 했는데, 이들은 거리에서 올바른 히잡 착용을 독려하는 캠페인을 벌였다. 이 캠페인 활동에는 두 가지 목적이 있었다. 하나는 올바른 히잡 착용 방식을 선전함으로써 자신들의 복장에 문제가 없음을 드러내는 것이다. 다른 하나는 자신들이 질밥 착용을 바로잡을 수 있는 위치에 있다는 점을 부각하는 것이다. 이는 동부 자바 툴룽아궁Tulungagung에서 전개된 캠페인 기사에서도 확인할 수 있다.

'툴룽아궁 히자버의 질밥 반대 캠페인'이라는 제목의 기사는 이들의 활동 목적이 히잡의 중요성을 알리고, 성적인 매력을 드러내는 질붑에 반대하기 위한 것이라고 했다. 이는 사진 속 여성이 들고 있는 표어를 보면 알 수 있는데, 하나는 'I ♡ HIJAB', 즉 '나는 히잡을 사랑한다'이고, 다른 하나는 'JILBOOBS NO', 즉 '질붑 반대'다.

이 기사는 20여 명의 히자버가 펼친 캠페인을 패션쇼에 비유했다. 아스팔트길 위에 일렬로 서서 고개를 들고 율동하듯 몸을 좌우로 흔드는 히자버를 기자는 '캣워크를 걸어가는 히잡 모델'이라고 묘사했다. 화려한 의상을 입고 패션쇼를 하는 듯 보이지만 참가자는 자신들이 올바른 히잡 착용 여부를 판단할 권위를 가지고 있음을 강조했다. 한 참가자는 "우리는 툴룽아궁 여성이 교리에 맞는(syari) 히잡을 착용하도록 독려하고자 한다"라고 말하면서, 여성이 이슬람을 잘 모르기에 질붑의 영향을 받게 됐다고 진단했다. 이어서 그녀는 이슬람 지도자가 질붑 착용 여성에 대한 계도(syiar)를 수행하지 않기 때문에 자신들이 이 일을 맡게 됐으며, 히자버는 질붑 착용 여성의 상황을 사려 깊게 이해하고, 강압이 아닌 설득이 더 효과적인 방식임을 인식하게 됐다고 덧붙였다.

기사에서 히자버는 자신들이 올바른 히잡 착용 여부를 판단하고 질붑 착용 여성을 계도할 권위를 가지고 있다고 밝혔다.

질붑 반대 캠페인에 나선 툴룽아궁의 히자버

인터뷰에서 언급된 '샤리'나, '시아르syiar' 같은 아랍어 어휘는 이들의 종교적 권위를 뒷받침하며, 이들이 무슬림 여성 복장의 적절성을 판단할 주체임을 표현한다.

질밥 착용 여성의 상황에 공감을 표하는 동시에 이들과의 차별성을 강조함으로써 히자버는 질밥에 대한 비난이 자신들에게 향해지는 것을 막고자 했다. 미디어 보도에서 질밥에 대한 낙인이 히자버에게 적용되는 경우가 없었음을 고려해보면 이들의 전략이 기대하던 결과를 가져왔다고 할 수 있다. 이처럼 질밥 논쟁 과정에서 이들의 입장이 더욱 공고해짐으로써 히잡 착용과 미착용이라는 이분법적 도식은 다변화됐고, 이슬람식 복장의 스펙트럼은 좀 더 다의적이고 경합적으로 전환됐다.

질밥, 히자버와
미적 표현의 자유

디안 펄랑이는 이슬람식 복장의 핵심으로 히잡을 선택했고, 히잡을 쓴다면 미적 표현도 용인될 수 있음을 주장했다. 질밥 논란 과정에서 히잡 착용의 추가 기준, 즉 피부나 몸매가 드러나지 않도록 옷을 입어야 한다는 기준이 부각됐지만, 이것이 이들의 멋 내기 방식에 실질적인 변화를 주지는 않았다.

히자버가 지지하는 올바른 히잡 착용은 히자버 경연대회를 통해 표현됐다. 평가 기준 중 복장과 관련된 것은 머리와 목, 어깨와 가슴을 완전히 가려야 하고, 투명한 천은 쓸 수 없으며, 몸매가 드러나지 않아야 한다는 것이었다. 창조성과 관련된 평가 기준은 히잡, 얼굴형, 화장 방식의 적합성, 히잡과 다른 옷의 상호 적합성과 조화, 질밥과 액세서리의 조화 등이었다. 미학적 기준으로 제시된 항목으로는 스타일, 유행, 표현성, 개성 등이었다.[16] 즉 히잡을 쓰고 몸매가 드러나지 않는 옷을 입는다면 다른 미적 표현에 대해 고민할 필요가 없다는 것을 명확히 알려주는 경연대회였다. 화장을 얼마나 해야 하는지, 특정 액세서리를 착용할 수 있는지, 다른 사람의 관심을 끄는 화려한 옷인지 등의 문제와 관련해 히자버는 무슬림 여성에게 미적 표현의 자유를 제공하고자 했다.

차림새의 자유로움은 인도네시아에서 오랫동안 유지돼온 전통이다. 히잡 착용은 최근에야 유행했고 히잡을 착용하지 않는 무슬림 역시 상당수 존재한다. 하지만 주목해야 할 점은 히잡의 유행이 보수적 이슬람의 영향력 확대와 함께 진행됐다는 것이다. 이슬람화에는 여성의 복장을 통제하고 공적 영역에서 여성의 미적 표현을 억압하려는 욕망이 잠재돼 있다. 히자버의 출현은 축소되고 빼앗길 수도 있는 미적 표현의 자유를 지켜내려는 노력이었다. 보수적 교리의 적용을 최소화하고 허용 가능한 부분을 최대화함으로써 히자버는 남성에 의한 여성의 통제에 적극적으로 대응하려고 노력했다.

무슬림 여성의 미적 표현은 히잡과 헐렁한 복장이라는 제약을 받게 됐지만, 이 조건이 충족될 경우 멋 내기의 자유는 인정될 수 있었다. 물론 종교적 보수화가 진전될수록 무슬림 여성에게 가해질 압력은 강해질 수 있다. 이러한 한계는 있지만, 히자버가 추구하는 미적 표현의 자유가 자연스럽게 주어진 것이 아니라 이들의 적극적인 대응과 노력을 통해 획득한 것이라는 사실은 강조할 필요가 있다. 이는 이들의 생명력이 쉽게 꺾이지 않을 것을 시사한다.

현장에서 본 히잡,

의존성과 행위자성
사이에서

___

6

●

히잡 중 노출 부위가 가장 작은 것은 부르카다. 아프가니스탄의 탈레반 정권이 여성에게 강제하여 유명해진 부르카는 눈 부위에 망사를 붙여 눈조차 외부에 잘 드러나지 않게 한다. 9·11테러 이후 '테러와의 전쟁'의 일환으로 아프가니스탄을 공격한 미국의 부시 행정부가 '부르카로부터의 해방'을 명분으로 내걸었을 정도로 부르카는 무슬림 여성에 대한 억압을 축약해 표현하는 옷이다.

　　인도네시아에서는 부르카를 착용한 여성을 찾기가 쉽지 않다. 폐쇄적 종교 공동체에서 살아가는 극소수의 여성만이 부르카를 착용하는데, 이들이 공공장소에 나타나는 일이 거의 없기 때문이다. 부르카보다 노출이 큰 옷은 눈 주변만 드러내는 니캅이다. 니캅을 쓸 때는 몸의 윤곽을 완전히 가리는 긴 가운 형태의 옷을 입는다.

다른 이슬람 지역과 달리 인도네시아에서 니캅은 '차다르 cadar'라고 불린다. 차다르는 히잡에 덧붙여 눈 아래쪽을 가리는 천을 가리키기도 하고, 이러한 천과 함께 착용하는 복장 전체를 일컫기도 한다. 차다르의 어원은 불명확한데, 페르시아어 '차도르chador'가 인도네시아로 들어오면서 음운 변형을 일으킨 듯하다.

1990년대 이전까지 인도네시아의 무슬림 여성은 니캅 형태의 히잡을 거의 착용하지 않았다. 이런 히잡은 구전이나 영화, 아랍 출신 무슬림을 통해서만 접할 수 있었다. 1990년대를 거치면서 차츰 차다르를 착용한 여성을 공적 영역에서 조금씩 볼 수 있게 됐으며, 이후 증가하기 시작했다. 하지만 지금도 차다르를 착용한 여성은 극소수에 불과해서 이들이 나타나면 순식간에 주위의 시선을 끄는데, 사람들은 흘끗흘끗 훔쳐볼 뿐 접근하려고 하지는 않는다.

인도네시아 사람이 차다르에 느끼는 생경함은 히잡에 대한 현장 연구를 시작할 무렵 확인할 수 있었다. 욕야카르타의 여러 지인에게 차다르 착용 여성과 인터뷰할 수 있을지 물은 적이 있는데, 누구도 선뜻 답하지 않았다. 지인 대다수가 이슬람 관련 활동을 활발하게 하는 이들이었는데도 쉽게 접촉할 수 있는 차다르 착용 여성은 없는 듯했다. 차다르에 대해 이야기하면서 지인들이 공통으로 지적한 것은 차다르 착용 여성의 배타적이고 집단적인 생활이었다. 주로 급진주의 이념을 수용한 여성이 차다르를 착용하며, 이들의 사회관계는 같은 집단에 속한 사람들로 제한된다는 것이다.

차다르 쓴 여성을 만나 대화한 적도 없고, 그들에 대한 이야기는 풍문으로만 들었으며, 급진주의와 그들의 관계도 책을 통해 안 것이었기 때문에 차다르 착용 여성이 주는 생경함과 호기심을 떨쳐버리기는 쉽지 않았다. 히잡과 미를 연구 주제로 설정한 지금이 그들에 대해 알아볼 최적의 순간이었지만, 만날 방법이 없기에 기회는 사라져버린 듯했다. 차다르 착용 여성에 대해 인도네시아의 다른 무슬림 역시 나와 비슷한 느낌을 받는다는 사실을 확인했다는 정도로 만족하면서 연구를 포기하기로 결정했다.

차다르 쓴
여성과의 만남

반전은 얼마 지나지 않아 일어났다. 차다르 착용 여성과의 인터뷰를 포기하고 이틀이 지난 후 한 친구의 전화를 받았다. 자신이 방문한 결혼식에 지인의 아내가 왔는데 차다르를 쓰고 있어서 그녀에게 만남을 의뢰했다는 것이다. 1년 전쯤 그녀를 만났을 때는 차다르를 착용하지 않았기에 그 친구 역시 놀란 듯했다. 차다르 착용 이유를 정확히 알 수는 없다고 하면서도 그는 급진주의의 영향을 거론했다. 그녀의 남편 역시 예전과 달리 수염을 길렀다고 했는데, 그것도 그 이유의 하나였다. 여성에게 차다르가 그러하듯, 남성에게 수염은 급진주의와 때로 연결됐다.

특별한 차림새로 인해 남편과 함께 카페에 들어오는 그녀의 모습은 멀리서도 확인할 수 있었다. 설렘, 흥분, 두려움이 스치듯 지나갔다. 그들이 테이블 가까이 다가왔다. 시선을 사로잡은 것은 당연히 차다르와 전신을 가리는 옷이었다. 예상과 달리 그녀의 옷은 검은색이 아닌 짙은 보라색이었다. 눈 부위를 제외한 얼굴 전체를 가리는 차다르는 검은색이었다. 두피를 타이트하게 덮어 머리털의 노출을 막는 천이 얼굴 위쪽에 보였는데, 옅은 보라색의 이 천은 짙은 보라색 옷과 잘 어울렸다.

예상을 벗어난 것은 옷 색깔만이 아니었다. 그녀는 흰색 핸드백을 들고 있었다. 핸드백의 손잡이는 금속이라 흰색과 조화를 이루었고 핸드백 위쪽에는 크리스털 장식이 박혀 있어 호화로운 느낌을 주었다. 그녀의 손 역시 예상을 빗나갔다. 장갑을 끼

데비와 남편

어 피부를 감추었으리라는 기대와 달리 맨손이 드러났을 뿐 아
니라 손가락에는 결혼반지를 끼고 있었다.

인터뷰를 시작하면서 그녀를 주의 깊게 바라보자 예상과 빗
나간 모습을 또다시 찾을 수 있었다. 그녀의 눈가에 화장 자국
이 보였던 것이다. 안면의 다른 부위가 감추어져서인지 색조
화장으로 단장한 눈가는 보이지 않는 아름다움을 드러내는 듯
했다.

인터뷰 초반 그녀의 이야기를 들으며 시선을 끈 모습은 안면

을 가린 천이었다. 말을 하면서 숨을 들이마시고 내쉴 때마다 그녀의 입으로 천의 일부가 말려들어가 입술 윤곽이 드러났기 때문이다. 모기 소리만큼이나 작은 목소리였는데도 천이 부풀어 올랐다 내려앉기를 반복하는 모습은 차다르로 인해 그녀가 말하기조차 힘든 상황에 놓이게 됐다는 듯한 인상을 주었다.

인터뷰는 30분 정도 짧게 이어졌다. 질문에 그녀가 단답식 대답만을 고집했기 때문에 대화가 길게 이어지지 못했다. 또 그녀의 남편과 내 친구가 옆에 앉아 있는 상황에서 그녀의 속내를 들여다보기는 불가능했다. 인터뷰는 수박 겉핥기식으로 끝났다.

차다르와 평안함

차다르를 착용한 그녀의 이름은 데비Devi다.[1] 서부 자바 출신인 그녀는 어렸을 때 욕야카르타에 왔으며, 대학을 졸업하고 결혼한 후에도 계속 이곳에 거주했다. 히잡을 처음 쓴 시점은 이슬람계 유치원에 입학한 때였고 대학을 졸업할 때까지는 일반 히잡을 착용했다. 대학에서 알게 된 남편과 결혼한 후 차다르를 착용하기 시작했는데, 차다르 착용 기간은 인터뷰 당시까지

1년쯤 됐다.

차다르를 쓴 동기를 설명하면서 데비는 '행위자성agency'과 '의존성' 모두를 드러냈다. 그녀는 누구의 압력이나 제안, 조언도 받지 않았고 스스로의 결정에 따라 차다르를 쓰게 됐음을 반복해서 말했다. 차다르 착용을 결심한 후 그녀는 이를 남편에게 말했다고 했는데, 이는 '알림'이 아니라 '동의'를 구하기 위해서였다. 자신의 결정을 실행하기 위해 남편의 허락이 필요하다고 그녀는 생각했고, 인터뷰에서도 이를 명확히 언급했다.

남편에 대한 의존성은 인터뷰 자리에 남편이 동반한 점에서도 드러났다. 그녀는 남녀가 함께 모이는 자리에 참석할 때는 남편과 동반해야 한다고 지적했다. 이러한 의존성은 극단적으로 해석된 보수적 이슬람 교리, 즉 외출 시 여성은 자신을 보호할 의무가 있는 남성을 동반해야 한다는 교리에 기반을 둔 것이다.

데비에게 이슬람이 삶의 핵심임은 명확했지만, 그것만으로 그녀의 차다르 착용을 설명하기에는 한계가 있었다. 보수적 해석에 따를지라도 얼굴의 노출은 용인되기 때문이다. 그녀 역시 이를 인정했다. 그렇다면 얼굴을 가리는 차다르가 오히려 종교적 교리에서 벗어나는 옷이라고 해석될 수도 있는데, 이 문제에 대해 그녀는 그렇지 않다고 지적했다. 즉 얼굴을 가리는 행위를 금지하는 종교적 규정은 없기 때문에 차다르를 교리 위반이라고까지 말할 수 없다는 것이다.

교리 위반은 아니지만 그렇다고 그것을 뒷받침할 만한 근거 역시 없는 상태에서 데비가 차다르 착용 이유로 제시한 것은 '냐만nyaman'이었다. 냐만은 그녀뿐 아니라 인터뷰를 했던 모든 여성의 말에서 빠지지 않고 등장한 표현이다. 사전적으로는 '건강한', '신선한', '개운한', '즐거운', '유쾌한', '평안한' 등의 뜻을 지닌다. 주변의 상태나 사람과 연결될 때, 예를 들어 폭우 속에서 비를 피할 만한 장소에 있게 되거나 다른 사람의 주목을 받는 상황에서 벗어나게 되면 냐만을 느끼게 된다. 히잡과 관련해 냐만에 영향을 미치는 주 요소는 사람이며, 이때 부각되는 의미는 평안함이다. 즉 주변 사람의 과도한 관심을 받거나 이야깃거리가 되지 않고 괴롭힘의 대상이 되지 않는 상태가 냐만을 구성하는 핵심 요소인 것이다.

냐만과 관련해 데비가 지나가듯 언급한 말은 '피트나fitnah' 다. 피트나는 '중상모략'이나 '명예 훼손성 비방', '구설수' 등을 의미한다. 피트나를 거론할 때 '초대한다(mengundang)'라는 동사를 사용함으로써 그녀는 구설수에 오르거나 명예가 훼손될 가능성이 있는 상황을 피하기 위해 차다르를 착용하게 됐음을 드러냈다.

데비가 언급한 냐만과 피트나는 다른 인터뷰 대상자도 언급한 것이다. 차다르와 일반 히잡이라는 상이한 형태의 복장을 착용했지만, 이들이 동일한 레토릭을 썼다는 것은 흥미로웠다. 이는 히잡 쓴 여성이 많지 않았을 당시 히잡이 맡았던 역할을 히잡의 대중화 이후 차다르가 행한다는 추정을 가능하게 한다. 즉 많은 여성이 히잡을 쓰게 되자 구별 짓기의 기능이 약화됐고, 이 기능을 차다르를 통해 추구하려 한다고 해석할 수 있다.

데비가 20대 중반임을 고려하면 그녀가 우려하는 가장 나쁜 피트나는 외간 남자와의 구설수다. 남편이 아닌 남성과의 소문을 만들지 않을 가장 좋은 방법은 차다르를 착용하는 것이다. 이는 외모를 감출 뿐 아니라 물리적 접촉 역시 어렵게 만든다. 일반 히잡을 착용한 여성과의 악수조차 쉽지 않은 상황이니 차다르 착용은 근접 거리에서의 접촉이 완전히 불가능함을 뜻한다. 그녀에게 차다르는 자신의 여성성을 완전히 은폐하는 매개이며, 이를 통해 그녀는 공적 영역에서 평안함을 얻을 수 있다고 믿는다.

여성성의 표현을 막는 차다르 착용이 차림새 면에서 큰 변화를 가져오지는 않았다고 그녀는 설명했다. 보라색 히잡과 복장에 대해 묻자 그녀는 결혼식에 다녀왔음을 거론했고, 예뻐 보이고 싶은 마음이 있느냐는 질문에 이렇게 대답했다.

여자라면 누구나 그렇겠죠. 예뻐 보이고 싶죠. 저도 계속 관리하고요. 미용실에도 계속 가요. (……) (단지 이전과 차이가 있다면) 남편에게만 집중하려고 하는 거예요.

데비의 말이 끝나기 무섭게 옆에 있던 남편이 끼어들어 그녀가 립스틱을 즐겨 바르며 지금도 바르고 나왔다고 거들었다. 그의 말투에 그녀의 아름다움을 자신만이 볼 수 있다는 자랑스러움이 묻어났다. 그녀의 말대로 차다르 착용 이전과 다름없이 지금도 자신을 꾸미고 있다면, 이제 그 차이는 대상일 뿐이다. 과거에 그녀의 아름다움 일부가 불특정 다수의 남성에게 노출됐다면, 지금은 남편에게만 향하는 것이다.

한편 데비는 차다르 착용 이전과 이후의 삶이 연속성을 가진다고 강조했다. 차다르 착용 이후 그녀의 주변 사람은 많이 놀랐지만 이는 짧은 기간에 불과했다. 가족과 이웃, 나아가 그녀가 속한 종교 단체에서도 그녀의 변화를 받아들였고, 이전과 다르지 않게 그녀를 대했다. 그녀 역시 자신의 변화를 크게 느끼지 않는다고 말했다. 차다르 착용 후 물리적으로 힘들다는 느낌이 없고, 예전과 마찬가지로 스마트폰, 컴퓨터, 오토바이를 이용하며, 여전히 페이스북의 광팬이라는 것이다. 아름다움에 대한 관점 역시 변하지 않아서 차다르를 착용한 여성이건, 히잡을 쓰지 않는 여성이건 그 기준은 동일하다고 말했다.

겉으로 드러나는 외모뿐만 아니라 행동을 통해 아름다움을 이야기해야 하죠. 자신을 얼마나 잘 지킬 수 있는지, 다른 사람에게 얼마나 잘 대해줄 수 있는지가 중요하죠. 남편을 즐겁게 만들 수 있어야하는 것도 말이에요.

정리하면, 데비의 차다르 착용은 급격한 이데올로기적 변화에 기인하지 않았다. 그것은 비종교적인 이유였다. 즉 평안함을의미하는 냐만이 주요 프레임이었고, 피트나가 촉발 요인이었다. 차다르 착용 이후 그녀에게는 큰 변화가 동반되지 않았고,지금도 이전의 삶이 유지되고 있다.

차다르 착용에 대한 그녀의 설명은 기존 연구 결과와 많은 차이를 보였다. 급격한 이데올로기적 변화를 노출이 적은 형태의히잡 착용 원인으로 지목하고, 그에 수반되는 삶의 변화를 강조하는 기존 연구와 달리, 그녀에게 주요 요인은 심경 변화였다.그녀는 종교 교리를 체계적으로 제시하지 않았고, 가장 일반적수준의 교리와 비종교적 요인을 통해 자신의 변신을 설명했다.

기존 연구 결과와 다른 데비의 예는 예외적인 것으로 볼 수도 있지만, 히잡을 보는 시각에 그녀가 미친 영향은 컸다. 그녀를 만나기 전 나는 오리엔탈리즘적 설명 방식에서 벗어나기 위해 히잡의 형태적 다양성에 주목하려 했다. 히잡을 여러 유형으로 나누고 각각에 대한 의미 부여 방식을 밝힘으로써 히잡 착용의 맥락을 이해할 수 있으리라고 기대했다. 하지만 히잡의 다양성과 차이를 인정한다고 해서 정형화된 이미지를 그것에 부여하려는 경향에서 자동으로 탈피할 수 있는 것은 아닌 듯했다.

데비와의 만남으로 다시 생각하게 된 개념은 의존성이었다. 그녀는 차다르 착용이나 외출과 관련해 남편의 허락을 받거나 남편과 동반해야 한다고 말했다. 하지만 그녀의 의존성을 교리에 대한 무조건적이고 맹목적인 복종과 동일시할 수는 없다. 남편의 허락이나 동반이 당연시되거나 강제되는 상황에 그녀가 놓여 있지 않았으며, 관련 교리 중 일부를 스스로 선택해 실천했기 때문이다. 바꾸어 말하면 그녀는 자신의 주체적 판단에 따라 남편에 대한 의존성을 택했다. 이러한 상황은 표면적으로 나타나는 남편에 대한 의존적인 태도를 의존성으로만 바라보기 어렵게 만들었다. 그녀에게서는 행위자성과 의존성이 분리되지 않은 채 통합돼 표출됐고, 이는 표면적 유사성에도 그녀를 의존적인 존재로 규정하기 어렵게 만들었다.

차다르에서
'보수적' 히잡으로

대학 교수인 친구에게서 연락이 왔다. 그가 있는 인류학과에 차다르를 쓰다가 벗은 학생이 있다는 것이었다. 흥미로운 사례였다. 인류학을 전공하는 학생이 차다르를 썼다는 것이 쉽게 이해되지 않았다. 이슬람과 기독교, 나아가 이슬람과 이른바 애니미즘 신앙을 동등하게 취급하는 인류학을 그녀가 어떻게 공부할 수 있을지 궁금했다.

차다르 쓰기만큼이나 벗기 역시 그리 쉽게 설명할 수 없었다. 차다르에 대한 정형화된 이미지에서 벗어나지 못하던 내게 가장 먼저 떠오른 상황은 '종교적 신념의 변화'였다. 폐쇄적 종교 공동체에서 벗어났거나 인류학적 관점을 수용했기에 차다르 벗기를 감행한 것이 아닐까 궁금했다.

인터뷰를 하기 위해 만난 아니사Anisa는 가슴 아래까지 내려오는 커다란 히잡을 쓰고 있었다. 인류학과 학생답게 인터뷰에 익숙해서인지 그녀는 긴장된 모습을 보이지 않았고, 나 역시 차다르가 아닌 일반 히잡을 쓴 모습에서 친숙함을 느꼈다. 데비와 비교할 때 아니사는 논리적으로 자신을 설명했고, 해박한 종교적 지식을 가졌으며, 이슬람식 레토릭을 능숙하게 이용했다.

아니사의 차다르 착용 기간은 그리 길지 않았다. 1년여 동안 그녀는 차다르를 착용했고 결혼 후 차다르를 벗었다. 차다르 쓰고 벗기에는 이슬람이 개입됐지만, 그보다 더 직접적인 요인은 데비도 지적했던 냐만이었다.

아니사는 자바 북부 출신으로 대학에 다니기 위해 욕야카르타에 왔다. 그녀에게 이 도시는 유혹으로 가득 찬 공간이었다. 많은 곳에서 남성의 집적거림을 경험했다. 길 가는 그녀를 따라오거나 하숙집까지 찾아오는 남자도 있었다. 이런 일 때문이기도 했지만, 좀 더 근본적으로 그녀가 불안감을 갖게 된 이유는 자유로운 이성관계 때문이었다. 보수적인 그녀에게 결혼 전 남녀관계는 용인될 수 없었는데, 욕야카르타에서 직면한 상황은 그녀를 평안하게 해주지 못했다.

남성의 집적거림과 함께 아니사의 평안함을 훼손한 또 다른 요인은 불특정 다수 남성의 시선이었다. 그녀는 히잡을 쓰고 다닐 때 일면식도 없는 남성이 자신을 위에서 아래로 훑어보는 모습을 보며 자기 몸이 이들의 성적 욕망의 대상이 됐다는 불쾌감과 불안함을 느꼈다. 어쩌면 남성의 시선에 대한 과도한 반응일 수도 있지만, 그녀에게는 이러한 반응의 적절함을 보여줄 근거가 있었다. 여자 친구의 남동생이 해준 이야기를 하며 그녀는 이렇게 설명했다.

남성은 청바지 입은 여성을 보면 바지 속 몸을 생각한다고 한다. 피부가 어떤지, 몸매는 어떤지 상상할 수 있다는 것이다. 히잡을 써도 상황은 비슷하다. 머리털이 어떤지, 몸의 크기가 어떤지 상상할 수 있으며, 게다가 히잡을 얇은 옷과 함께 입는다면 피부색이 어떤지도 알 수 있다고 한다.

아니사

남성의 치근거림, 성욕으로 가득찬 시선, 성적 상상은 아니사에게서 평안함을 빼앗아갔고, 차다르를 쓰겠다는 결심을 하게 만들었다. 차다르를 착용한 후 그녀는 기대했던 결과를 얻을 수 있었다. 그녀를 쫓아오거나 훑어보는 남성이 없어져 평안함을 되찾을 수 있었다.

그런데 차다르 착용을 설명하기 위해 이용된 냐만은 차다르 벗기에도 적용됐다. 차다르가 그녀에게 평안함을 가져온 반면, 그녀의 복장이 주변 사람에게 불편함을 야기한다는 사실을 인식하게 된 것이다. 딸의 차다르 착용을 인정해준 부모도 고향에

올 때는 차도르를 벗고 오면 좋겠다고 말했다. 고향 마을의 이웃이 쉽게 받아들일 수 없었기 때문이다. 결혼 후 거주할 집을 구할 때도 그녀는 유사한 경험을 했다. 마음에 드는 집을 찾아 계약을 하러 갔지만, 차다르 차림의 그녀를 본 집주인이 계약을 거절했다. 이런 상황을 반복해 경험하면서 그녀는 자신이 주변 사람에게 불편함을 가져다주는 존재임을 실감했다. 이렇게 고민하던 중 남편이 차다르 벗기를 제안했고, 그녀는 이를 실천에 옮겼다.

아니사의 차다르 쓰고 벗기에 결정적인 역할을 한 요인은 종교적 교리가 아닌 '사회적 고려'였다. 이처럼 비종교적 요인이 작용할 수 있었던 이유는 얼굴과 손의 노출이 허용되기 때문이었다. 이 관점에 따르면 차다르 쓰고 벗기는 종교 교리와 직접 관련 있지 않으며, 상황에 맞추어 선택할 수 있다.

차다르를 벗었지만 아니사는 가슴 아래까지 내려오는 커다란 히잡과 폭이 넓은 치마를 입었다. 그녀는 히잡에 대해 '교과서적' 시각을 드러냈고, 강력한 남성 중심적 시각을 내재화하고 있었다. 그녀는 몸을 드러낼 수 있는 대상이 가족으로 국한된다고 지적한 후 자신의 몸은 궁극적으로 자신과 남편을 위한 것이라고 덧붙였다. 그녀는 남편만이 자신의 몸을 볼 수 있다는 사실을 통해 자신의 특별함이 유지될 수 있다고 단언했다.

그녀는 '여성의 특별함'이라는 표현이 여성 비하가 아닌 여성 존중을 위한 것이라고도 말했다. 아무 남성이나 만질 수 있고 갑자기 키스하거나 섹스하자고 말할 수 있는 대상으로 여성이 취급받지 않는다는 것이다. 이 설명을 내가 잘 이해하지 못했다고 생각했는지 그녀는 무례한 비유일 수 있다면서 다음과 같이 말했다.

사탕이 있다고 하죠. 하나는 예쁘게 포장된 것이에요. 다른 하나는 포장이 뜯겼고 여기저기서 밟힌 것이에요. 바닥이나 식탁에 며칠이나 내팽개쳐져 있었죠. 그렇다면 당신은 어느 사탕을 원할까요?

아니사의 비유는 지극히 남성 중심적 사고에 기초한 것이었다. 남성의 입장에서 자기에게만 허용되고 자기만을 위해 관리되는 여성의 몸은 잘 포장된 사탕처럼 특별한 것일 수 있다. 이러한 입장을 가졌으니 그녀가 히잡으로 보호된 여성의 몸을 특별한 것으로 인식하는 것은 당연했다.

아니사는 주변을 이해하고 행동하는 기준으로 남성 중심적 이슬람 교리를 수용했다. 인터뷰 과정에서 그녀는 '알라 때문에 karena Allah'라는 말을 몇 차례나 했는데, 다른 목적이 아닌 알라를 위해 행동하고 생각하는 것의 중요성을 지적하기 위해서였다. 심지어 그녀는 자신의 결혼조차 '알라 때문에'라고 설명했다. 그리고 알라 때문에 한 결혼이기에 자신과 남편 모두 학생으로 별다른 소득이 없음에도 큰 부족함 없이 살아갈 수 있다는 감사의 말까지 덧붙였다. 알라의 도움에 대한 믿음이 있다면 무엇이든 실현할 수 있다는 것이다.

그녀가 인류학을 공부하는 학생인데다 인터뷰 과정에서 자신의 종교적 믿음과 행동을 상대화해 설명했기 때문에 그녀의 남성 중심적 시각의 기원이 궁금했다. 예를 들어 자유주의적 해석에 대해 질문했을 때 그녀는 이를 잘못됐다거나 올바르다는 식으로 평가할 수 없다고 지적하면서, 단지 자신이 그 입장에 동의하지 않음을 강조했다. 그녀는 상대주의적 시각의 필요성에 동의를 표했고, 자신의 공부가 주변 사회를 이해하기 위한 목적이라고 밝히기도 했다.

이슬람과 관련된 가장 도발적인 문제 중 하나인 일부다처제에 대해 물어보았다. 이 과정에서 이슬람 교리를 받아들이기는 하지만 그것을 맹목적으로 적용하지는 않으려는 그녀의 모습이 드러났다.

대학교 3학년 때 결혼하기로 한 것은 유혹으로 가득한 도시를 살아가면서 아니사가 내린 결단이었다. 같은 이슬람 단체에서 활동하는 선배였던 남편이 어느 날 결혼 이야기를 꺼냈고,

몇 주 후 그녀의 부모를 만나 결혼 승낙을 얻었다. 이러한 관행이 이슬람 교리에 부합하다는 설명을 들었을 때 그녀의 의존적 모습이 부각됐다. 하지만 그녀는 곧이어 자신의 주체적인 결정이 결혼 과정에 개입됐음을 강조했다. 먼저 그녀는 남편과 일대일로 만나 각자의 배경에 대해 낱낱이 이야기하는 시간을 가졌다. 그녀는 이를 '타아루프taaruf'라는 말로 표현했는데, 타아루프는 '소개', '만남'이라는 뜻의 아랍어다. 이후 그녀는 남편을 아는 여러 부류의 사람을 만나 그에 대해 알아보았다. 마지막으로 그녀는 자신과 그의 일치감 여부에 대해 고민했고, 서로 잘 맞는다고 판단함으로써 최종 결정에 이르게 됐다. 일치감을 뜻하는 '초촉'은 자바에서 남녀 간의 관계를 설명하기 위해 자주 이용되는 개념으로, 이를 통해 그녀는 자기 결혼에 자신의 의지가 개입됐음을 명확히 했다.

그녀는 일부다처제를 설명하면서 원론적으로는 찬성한다고 했지만, 올바른 실행에 요구되는 제반 규정을 거론하며 그것의 현실적 불가능성을 지적했다. 모든 아내를 공평하게 대하기는 힘들기에 일부다처제의 조건이 충족될 수 없다는 점이 일반적인 반反일부다처제의 논리인 반면, 그녀는 첫 번째 아내의 허락을 받아야 한다는 규정을 더 강조했다. "내가 허락하지 않으면 할 수 없어요"라고 단언한 그녀는 아내의 마음을 아프게 하지 않는 것이 주요 이슬람 교리라고 덧붙였다. 교리를 준수하지 못하는 일부다처제가 현실에서 일어나는 이유에 대해서는 이슬람이 아닌 사람이 원인이라고 대답했다.

아니사에게 이슬람은 가장 중요한 삶의 지침이었다. 이러한 인식은 대학에 와서 가입한 이슬람 단체의 영향으로 형성됐고, 그녀는 이 단체의 보수적이고 남성 중심적인 교리 해석을 수용했다. 이로 인해 그녀는 자신의 몸이 남편을 위해 잘 포장된 사탕처럼 보전돼야 한다고 생각했고, 연애 과정 없이 결혼했으며, 일부다처제를 인정하는 듯한 태도를 취하기까지 했다.

하지만 이처럼 보수적이고 남성 중심적인 시각을 받아들였다고 해서 행위자성이나 주체성이 부족하고 남성에게 의존적이라고 단순히 규정할 수는 없었다. 가부장적 교리를 수용하면서도 그녀는 특정 문제에는 자기중심적 해석을 가능하게 하는 교리를 부각했다. 일부다처제의 현실적 불가능성을 말하는 그녀는 모든 아내에게 동등하게 생활비를 주고 똑같이 잠자리를 하는 것 같은 형식적 공평성 문제 때문이 아니라, 감정적이고 내적인 이유로 인해 실행될 수 없기 때문이라고 설명했다.

남성 중심적 해석을 대체할 정도는 아니지만, 자신의 행위자성을 종교적 믿음과 실천에 적용하려는 경향은 개인적 표현과 관련돼서도 나타났다. 아니사는 히잡이 개인의 표현욕을 억압한다는 주장에 반대했다. 그녀에 따르면 몸매를 드러내지 말라는 규칙을 지키면서도 옷과 히잡의 색, 스타일을 선택함으로써 자기표현이 가능하다. 그녀가 특히 많은 강조점을 둔 것은 사적 공간에서의 표현이었다. 노출이 용인된 사람 앞에서 무슬림 여성은 적극적으로 자기표현을 할 수 있다는 것이다. 자신 역시 집에서는 짙게 화장을 하기도 하고 짧은 바지를 입기도 한다면서, 이를 통해 얼마든지 자신을 표현하고 확인할 수 있다고 주장했다.

그녀는 공적 영역에서의 자유로운 자기표현이 가진 문제점을 지적하기 위해 유튜브에서 본 비디오 클립을 예로 들었다. 미국의 한 도시에서 젊은 여성이 짙은 화장을 하고 섹시한 옷차림으로 거리를 걸어 다닐 때와 그렇지 않고 수수한 옷차림으로 걸어 다닐 때의 차이를 보여주는 비디오였는데, 섹시한 차림새를 했을 때 주변 남성의 치근덕거림이 급증했다. 그녀는 이 비디오를 여성이 남성의 욕구 충족 대상, 거래되는 물건으로 전락했음을 보여주는 사례라고 설명했다. 그녀에게 이처럼 물상화된 방식으로의 자기표현은 진정한 자유일 수 없고 남성의 눈요깃거리로 자신을 전락시키는 행위에 불과했다.

서구 사회에서 여성의 자기표현이 가진 내재적 문제점과 비교할 때 이슬람 교리는 오히려 여성을 존중한다고 그녀는 주장했다. 집 안에서 자유롭게 표현함으로써 여성의 내적, 외적 아름다움은 가장 가까운 사람의 진정한 존중을 받을 수 있으며, 여성의 신체가 성적 욕구의 대상으로 전락하는 문제 역시 발생하지 않는다는 것이다.

아니사의 주장은 앞에서 언급했던 히잡과 수영복의 비유를 다른 방식으로 적용한 결과라고 할 수 있다. 히잡을 예배 장소 밖에서 착용하는 것이 수영복을 수영장 밖에서 입는 것과 같다고 자유주의적 무슬림은 지적했다. 같은 맥락에서 신체적 자기 표현의 자유를 사적 영역으로 국한하는 것은 그녀에게는 수영복을 수영장에서만 입게 하는 것과 차이가 없다. 이처럼 그녀는 사적 영역에서의 자유라는 개념을 통해 이슬람이 여성의 표현욕을 억압하는 것이 아니라, 그 장소를 제한할 뿐이라고 주장할 수 있었다. 그녀에게 이런 주장이 더욱 설득력 있는 이유는 공적 영역에서 아름다움을 표현하는 것은 그 여성의 의도와 관계없이 성적 욕구 충족의 대상으로 전락하는 상황으로 연결되기 때문이다.

차다르와 미적 표현

차다르를 쓰는 데비, 차다르를 썼다 벗은 아니사, 두 무슬림 여성에게는 공통점이 있었다. 차다르를 착용하기 전에 이미 히잡을 썼던 이들의 차다르 쓰기와 벗기에는 비종교적인 원인이 작용했다. 이들은 남성의 집적거림과 성적 시선에 불편함을 느꼈고, 공적 영역에서 평안함을 느끼기 위해 차다르를 선택했다. 차다르는 여성성의 표현을 불가능하게 했지만, 아니사에게 이것은 공간적인 제한으로 받아들여질 뿐이었다.

하지만 남성의 성적 시선과 행동에 불만을 품은 여성 모두가 차다르를 선택하지는 않는다는 점에서 이들의 차다르 착용에는 다른 이유도 있다고 볼 수 있다. 데비와 아니사의 경우 종교적 지향이 중요한 역할을 했다. 이들에게서는 남성 중심적 교리 해석을 수용한 모습이 나타났고, 이는 남편에 대한 의존성으로 표출됐다. 하지만 이들에게 자율적이고 주체적인 행위자로서의 모습이 부재한 것은 아니었다. 제한된 범위 내에서 이들은 자신의 행위자성을 적용하려고 시도했다. 이슬람 교리에 복종적이지만, 종교가 강력하게 개입되지 않는 영역 혹은 종교가 상대적으로 자유로움을 주는 영역에서 이들의 주체적인 모습이 나타났다.

차다르 착용이 이들의 삶에 큰 변화를 가져오지는 않았다. 타인과의 관계에서 발생한 초반의 불편함은 곧바로 일상적인 상태로 회복됐다. 물리적으로도 차다르는 불편을 주지 않았다. 이는 차다르 착용 동기가 이데올로기적 변화에 기인한 것이 아니기 때문에 가능한 듯하다. 복장의 변화가 행동상의 배타성을 결과하지 않음으로써 기존의 관계 회복이 쉽게 이루어질 수 있었다.

제한적인 사례지만 데비와 아니사는 히잡 착용의 다양성을 보여준다. 또 미적 표현에 대해 무슬림 여성이 취할 수 있는 태도의 단면을 드러낸다. 아니사의 주장처럼 수영장이 아닌 곳에서 비키니를 입지 않는 것과 마찬가지로, 무슬림 여성은 사적 영역과 공적 영역에서 복장을 구분할 뿐이다. 또 비이슬람권에서 여성의 미적 표현이 불특정 다수를 대상으로 이루어지는 반면, 이슬람권에서는 제한된 사람을 대상으로 그것이 이루어질 뿐이다.

이러한 입장을 받아들인다면 무슬림과 비무슬림 사이에 나타나는 표현상의 차이는 상대적인 것으로 이해할 수 있다. 따라서 '무슬림 여성은 왜 자신의 미를 공적 영역에서 표현하려 하지 않는가?'라는 질문은 같은 맥락에서 '서구 여성은 왜 자신의 미를 공적으로 표현하려 하는가?'로 바꿀 수 있다. 아니사의 주장처럼 공적 영역에서의 미적 표현이 남성의 성적 욕구라는 렌즈를 통해 왜곡된다면, 표현의 자유에 대한 고집은 여성 신체의 성적 대상화 문제를 심각하게 고려하지 못하는 자세라고 해석할 수 있는 것이다.

데비와 아니사를 이해하기 위해서는 인도네시아에서 히잡 착용이 강제가 아니라는 것을 고려해야 한다. 공동체의 압력이 일정 정도 존재하지만, 반드시 히잡을 써야 한다거나 특정한 스타일의 히잡을 고집하는 식의 강제는 사회적으로 통용되지 않는다. 따라서 히잡 착용은 여성 스스로 결정하며, 타인이 아닌 자기가 선택했다는 자의식이 강하게 유지될 수 있다. 따라서 히잡 착용이 남성 중심적 교리 해석에 대한 의존을 내포할지라도, 여성을 남성 중심적 교리에 맹목적으로 순종하는 존재로 규정하기에는 한계가 있다. 이런 의미에서 데비와 아니사에게서는 의존성과 행위자성의 미묘한 조합을 찾을 수 있다. 이들의 차다르 쓰기와 벗기에는 의존적임과 동시에 주체적이고 자기 결정적인 모습이 모두 담겨 있는 것이다.

현장에서 본 히잡,

착용과 미착용의
다의성

7

●

인도네시아에서 차다르가 아닌 '일반' 히잡을 쓴 무슬림 여성을 찾아보기는 어렵지 않았다. 특히 대학 캠퍼스에서는 쉽게 접할 수 있었다.

히잡 착용 여성을 소개해준 친구는 이슬람계 대학에서 신문 방송학을 가르치는 아낭Anang이다. 그는 나를 강의실로 초대했다. 그는 새 학기 첫 강의이기에 수업 계획을 먼저 말했는데, 강의 말미에 복장에 대해 거론했다. 남학생에게는 반바지와 샌들 착용 금지를 요청했다. 여학생에게는 청바지처럼 몸에 달라붙는 하의와 티셔츠 차림은 불가하며 양말을 착용해야 한다고 요구했다.

이슬람계 대학에서 히잡 착용은 의무다. 하지만 첫 강의부터 복장과 관련한 언급을 한다는 사실이 흥미로웠다. 아낭 교수에 따르면 학교의 복장 규정을 반복해서 설명할지 말지는 담당 교수의 재량이지만, 자신은 이를 공지하고 추후 부적절한 복장을 하면 구두 경고를 한다고 했다. 표현의 자유가 무한대일 수 없다는 것이 자신의 입장이라고 덧붙였다.

강의가 끝나고 세 명의 학생을 소개받아 이야기를 나눈 후 만남을 세 차례 이어갔다. 개별 인터뷰를 두 차례 한 후, 쇼핑몰에 함께 가서 그들의 히잡 구매 방식과 선호도를 알아보았다. 그들과의 만남은 여기서 끝낼 예정이었지만, 돌발적인 상황이 발생했다. 그중 한 명인 베티Bety가 SNS를 통해 장문의 글을 보내왔기 때문이다. 자신의 의견이 내게 제대로 전달되지 않았을까 봐 우려하는 내용이었다.

제게 히잡은 구식이 아니며, 시대에 뒤떨어진 것도 아닙니다. 히잡을 쓴다는 것이 그렇지 않은 여성과 차이 나는 태도나 행동을 보여야 한다는 점을 의미하지 않습니다. 히잡은 여성을 더욱 자신감 있게 만듭니다. 그리고 여성의 개성을 내적으로 그리고 외적으로 아름답게 만들 수 있습니다. 아름다운 여성은 외적으로 드러나는 것만이 아니라, 올바른 마음 자세를 (포함합니다).

베티의 글은 인터뷰 과정에서 반복적으로 들은 내용으로, 그녀를 포함한 히잡 착용 여대생의 입장을 잘 요약해준다. 먼저 그녀는 히잡 착용이 구식의 낡은 관행이 아니라는 점을 강조했다. 즉 히잡은 나이 든 사람이나 전통을 고수하는 사람의 전유물이 아니며, 현대적 변화에 능동적으로 대응하려 하는 신세대의 복장이라는 것이다. 히잡을 쓴 여성과 그렇지 않은 여성 사이의 유사성을 지적함으로써 그녀는 히잡 착용으로 인해 미적 표현이 제약되지 않음을 강조했다. 미와 관련해서는 내적, 외적 아름다움을 모두 중시했다.

베티의 글이 보여주듯 이슬람계 대학에 다니는 여성이든 일반 대학에 다니는 여성이든 그들의 시각에는 공통점이 많다. 그 공통점에 대해 좀 더 자세히 알아보려 한다. 또 개인적 차이가 뚜렷한 문제에 대해서는 설명을 추가하고자 한다.

베티의 이야기

장문의 글을 보낸 베티를 만나러 약속 장소에 나갔다. 그녀는 한 남성과 함께 앉아 있었다. 그녀가 언급한 적 있는 남자친구임을 직감할 수 있었다.

그녀는 히잡 착용의 종교적 이유를 설명하고, 곧이어 효용성을 설명했다. 히잡 착용은 신에 대한 순종을 표현함으로써 이

베티의 히잡 패션

세상과 사후 세계에서의 안녕을 보장해준다. 그리고 히잡은 유혹에서 벗어나게 해주고, 근거 없는 중상이나 비방에서 자신을 지켜준다. 여기까지는 일반적인 설명이어서 특이점을 찾을 수 없었다. 하지만 히잡과 관련된 다른 규정을 설명하면서 그녀만의 독자성이 드러났다.

그녀가 처음 거론한 것은 향수와 장식품이었다. 그녀는 엄격한 종교적 기준에서 본다면 향수나 화장품, 장신구 사용이 자신을 뽐내려는 의도를 내포하고 있기에 금지된다고 말했다. 보수적 해석에서 쉽게 들을 수 있는 설명이다. 그런데 그녀는 "요즘 (이 교리는) 그렇게 많은 관심을 받고 있지 않아요"라며 범상치 않은 해석을 추가했다. 그 이유로 교리 내용을 있는 그대로 따라 하기 힘들다는 점을 지적했다. 그리고 나서 그녀는 자신이 교리의 '유용한(긍정적인) 면을 취해' 그것을 '진심으로 행하고자 노력한다'고 덧붙였다.

이러한 해석은 베티의 상황을 반영하는 것이다. 인터뷰 당시 그녀는 립스틱을 칠하고 눈 화장을 했으며 파운데이션을 발랐다. 그녀의 얼굴을 보면 문자 그대로 해석된 교리를 위반한 셈이다. 이에 그녀는 교리 실천의 어려움 그리고 교리를 지키려는 진정성을 강조함으로써 교리를 있는 그대로 따르지 않는 자신을 정당화하고자 했다. 그러지 않으면 그녀는 종교적 가르침에 어긋나는 행동을 하는 존재로 자신을 규정해야 하는 자가당착에 빠질 수 있다.

그녀는 '유용한' 면을 취한다고 했는데, 여기서 '유용한'은 영어 '포지티브positive'의 임차어 '포시티프positif'다. 이후에도 몇 차례 그녀가 언급한 이 표현은 취지를 고려해 '교리를 이해하고 실행한다'는 의미로 볼 수 있었다. 이 단어로 미루어보아 그녀는 보수적 시각을 있는 그대로 수용하기보다 자유주의 성향에 가까운 시각을 가졌다고 할 수 있다.

문자 그대로가 아닌 자신의 상황에 부합하는 해석을 찾으려는 베티의 노력은 피부 노출 문제에도 적용됐다. 그녀는 노출 허용 부위가 얼굴과 손바닥이라고 먼저 지적했다. 하지만 인터뷰 당시 그녀는 손목이 훤히 드러나는 옷을 입고 있었다. 그녀는 이렇게 대답했다. "제 품행이 아직 교리를 충족시킬 수 없어서요." 그녀의 말에는 앞에서 언급한 것과는 다른 레토릭이 담겨 있었다. 즉 자신의 종교적 믿음에 부족한 점이 있기에 규정을 완전하게 충족시킬 수 없다는 것이다. 이는 자신의 모자람을 지적하는 것이지만, 동시에 누구도 완전한 수준의 믿음을 성취할 수는 없다는 점을 상정함으로써 자신의 부족함을 정당화하는 것이기도 했다.

이어지는 설명에서도 유사한 태도가 반복됐다. 그녀는 히잡과 조화되는 옷을 설명하면서 교리 내용을 충실히 언급했다. 비치지 않는 두꺼운 천이어야 하고, 몸의 윤곽이 드러나서는 안 되며, 옷을 패션으로 입어서도 안 된다는 것이다. 이러한 설명 역시 그녀의 차림새와 차이를 보였는데, 그녀는 시대적 변화라고 말하면서 이상과 현실의 차이를 상쇄하려 했다.

> 지금 시대는 현대죠. 그래서 디자이너는 히잡 쓴 사람이 시대에 뒤처진 사람이 아님을 보여주고자 해요. 한계를 벗어나지 않으면 괜찮아요. 한계를 벗어나지 않는 것이 중요해요. 그리고 히잡은 이미지 형성이나 으스대기 위한 것이 아니에요. 여기서 으스댄다는 의미는 "그래, 나 히잡 썼어"와 같이 잘난 척을 하는 것이에요. 이것은 용인될 수 없는 태도예요.

베티는 패션 히잡이 교리에 어긋날 수 있음을 지적함과 동시에 시대적 변화가 고려돼야 한다고 주장했다. 그녀는 개성을 추구하는 현대 사회의 흐름에 맞게 히잡을 써야 하고, 이를 통해서만 히잡을 오래된 전통으로 취급하는 경향에서 벗어날 수 있다고 말했다. '으스대기'라는 표현은 외부로 드러나는 것에만 초점을 맞추어 종교적 신앙심을 평가하는 형식주의에 대한 반발이었다. 몸매를 완전히 가리는 히잡을 쓰더라도 그것이 신앙심을 과시하기 위한 것이라면 의미가 없다는 것이다. 바꾸어 말하면, 패션 히잡을 지지하는 여성의 신앙심이 깊지 않다고 평가하는 것은 부적절하다는 것이다.

베티의 설명에는 기존의 남성 중심적, 보수적 교리 해석과는 차별적인 점이 있었다. 그녀는 보수적 교리 해석을 잘 알고 있었지만 그것을 있는 그대로 수용하지 않았다. 그 대신 외형이 아닌 진정성에 대한 중시, 인간의 한계, 시대적 변화 등과 같은 레토릭을 통해 자신의 입장을 정당화했다.

베티에게서는 당당함이 묻어났다. 몸매가 드러나지 않게 입어야 한다는 원칙을 설명한 직후 그녀는 자신의 옷소매를 가리키며 이처럼 타이트하지 않아야 한다고 지적할 정도로 여유 있는 태도를 보였다. 이는 히잡에 대한 보수적 시각만을 올바른 것으로 받아들이지 않기 때문에 가능했다. 히잡에 대한 대안적 시각이 존재하고, 그것이 현실에 더욱 부합하는 해석일 수 있음을 그녀는 말하고자 했다.

결과적으로 히잡에 대한 베티의 견해에는 일관되지 않은 모습이 나타났으며, 여기저기서 조금씩 가져온 요소가 조화롭게 통합돼 있지 못했다. 그럼에도 그녀는 자신의 입장을 표현하는 데 주저함이 없었고, 자신의 상황에 맞추어 교리를 선택적으로 재해석했다.

베티에게서 나타난 모습은 일반 히잡을 쓴 다른 여대생에게서도 찾아볼 수 있었다. 때로 베티와 차이가 나기도 했지만, 전체적으로 그들은 보수적 해석이 강조하는 미적 표현의 억제라는 주장에 반기를 들었다.

히잡 착용
시기와 동기

인터뷰 과정에서 만났던 여성 중 이슬람계 대학 학생은 이슬람계 중고등학교나 종교교육기관에서 수학했기 때문에 의무적으로 히잡을 착용한 경험이 있었다. 일반 대학 학생의 경우 초등학교 고학년 때부터 부정기적으로 히잡을 썼고, 중고등학교를 거치면서 이를 일상화했다.

착용 배경은 다르지만 이슬람계 대학 학생 모두 히잡 착용의 강제성을 부인했다. 예를 들어 한 여대생은 이슬람계 중학교로 진학하면서 의무적으로 히잡을 쓰게 됐지만, 항상 착용했던 것은 아니라고 강조했다. 물건을 사러 가게에 가거나 친척집을 방문할 때는 히잡을 쓰지 않았는데, 고등학교 입학 이후 본격적으로 착용하기 시작했다. 그때부터 자신의 종교적 정체성을 자각했기 때문이다.

자기 결정이 강조된다고 해서 외부 압력이 없었다고 하기에는 무리가 있다. 그들의 가족과 친척 대다수가 히잡을 썼기에 히잡에 대한 무언의 압력은 늘 존재했다고 볼 수 있다. 따라서 외적 강제를 일정 정도 받는 상황에서 최종 판단을 본인 스스로 했다고 말하는 편이 적절할 듯하다. 자율적 결정은 물론 중요하지만, 여기에 미친 외적 영향 역시 부정할 수는 없다.

히잡 착용의 이유로 거론된 것 가운데 핵심은 이슬람이다. 어릴 때부터 그들은 히잡 관련 교리에 자연스럽게 노출됐고, 무슬림으로서의 정체성을 의식하게 되면서 히잡 착용을 결정했다. 종교적 요인이 핵심이었지만 종교적 의식 변화에 대해서는 많은 설명을 하지 않았기 때문에 앞에서 언급한 아니사가 경험한 것과 같은 뚜렷한 의식 변화의 과정은 알 수 없었다.

하지만 히잡 착용 동기와 달리 히잡 착용 전후의 차이와 유용성에 대해서는 많은 이야기를 했다. 가장 많이 거론한 것은 '냐만', 즉 평안함이었다. 히잡 착용 이전에는 불특정 다수의 남성으로부터 집적거림을 당했지만 착용 후에는 그런 일이 없었다는 것이다.

그들이 경험한 평안하지 않은 상황은 성추행에서 질척한 시선까지 다양했다. 대표적인 성추행 행위는 거리에서 지나가는 남성이 몸을 만지고 도망가는 것이었는데, 오토바이를 타고 가던 남성이 신체의 주요 부위를 건드린 경우도 있었다고 한다. 가장 자주 일어나면서 가장 많은 스트레스를 주는 행위는 남성의 언어 희롱이었다. 예를 들어 길을 가는 도중에 "헤이(안녕)!" 하며 말을 붙이거나 휘파람 불기, '섹시하다'와 같은 말 던지기 같은 것이었다. 남성의 시선 역시 여성을 불편하게 만드는 요소였다. 몸을 위에서 아래로 훑어보거나 특정 부위를 빤히 쳐다보는 행위가 그런 것에 속했다. 이러한 상황에 처했을 때 그들은 별다른 대응을 하지 않았는데, 반응을 보이면 희롱의 수위가 더 높아지기 때문이었다. 그들은 자신들이 눈요깃감이 된다는 것에 불쾌감과 모욕감을 느꼈다고 말했다.

젊은 남성이 길 가는 여성을 희롱하는 일은 광범위하게 이루어졌다. 베티와 같이 온 남자친구 역시 이를 인정했다. 남성 여럿이 길가에 앉아 있는데 그곳을 여성이 지나가면 한두 마디 말붙이기 정도는 다반사로 일어난다는 것이다. 그는 이를 짓궂은 장난이라고 표현했지만, 여성에게는 뚜렷한 의도가 있는 행동으로 여겨졌다. 한 여대생에 따르면 몸매가 드러나는 옷을 입은 여성을 보는 순간 남성은 그 여성에게 나쁜 짓을 할 수 있는 방법이 무엇일지 곧바로 생각하며, 그녀를 유혹할 방법을 즉각적으로 행한다.

히잡 착용은 이러한 불편하고 불쾌한 상황에서 벗어나게 해주는 최적의 수단이라고 그들은 평가했다. 한 여대생은 이를 '헤이'에서 '아살라무알라이쿰'으로의 전환에 비유했다. 히잡 미착용 여성에게 희롱 투의 말을 던지는 남성이 히잡 착용 여성에게는 정중한 아랍어 기도문을 외운다는 것이다. 그들은 이렇게 히잡을 착용하면 존중받는다는 느낌을 받게 된다고 말했다. 조금 극단적으로 표현하면 히잡 쓴 여성은 성적 대상이 아닌 인격체로 대우받을 수 있다는 것이다. 이처럼 종교적 의무 충족이라는 본래의 목적에 추가해 히잡은 위험으로 가득 찬 세상에서 평안함과 자기 존중감을 유지할 수 있는 효용을 가진 것으로 이해됐다.

히잡과 종교적
신실함

히잡 착용의 주요 목적은 종교적 의무 충족이다. 내가 인터뷰했던 대학생들은 이러한 의무가 신체를 적절하게 가림으로써 충족된다고 생각했다. 하지만 여성의 미적 표현을 억제하는 것이 아니라 피부를 가리는 것에 강조점을 두었다. 따라서 그들은 히잡과 함께 몸매가 드러나는 옷을 입거나 다양한 색과 무늬가 들어간 옷을 이용하는 데 거리낌이 없었다.

또 그들은 히잡 착용이 종교적 신실함과 연결된다는 것에는 공감을 표했다. 몸매를 완전히 가리는 샤리나 얼굴의 일부만 노출하는 차다르가 종교적 신념에서 비롯된 복장임에는 틀림이 없으며, 이러한 차림새의 여성은 신앙심이 깊을 것이라고 지적했다. 그렇지만 종교적 믿음과 복장 사이에 반드시 상관관계가 있는 것은 아니라고 했다. 신체를 더 많이, 더 두껍게 둘러싼다고 해서 종교적 믿음이 더 강하다는 뜻은 아닌 것이다. 신체를 완전히 가리는 히잡을 착용한 여성이라도 남성과 거리낌 없이 어울리고, 품위 없이 행동하며, 좋지 않은 어휘를 사용하고, 타인을 부적절하게 대하는 경우도 있다고 했다. 한 여대생은 지인의 사례를 다음과 같이 말해주었다.

내 친구 중 샤리 형태의 히잡과 복장을 착용하는 여성이 있었어요. 그런데 몸이 날씬해지자 청바지를 입기 시작했죠. 그 모습을 보며 생각했어요. 지금까지 왜 샤리를 입었을까? 뚱뚱한 몸매를 가리기 위해 입었다면 무엇을 위해 샤리를 고집하나?

앞에서 제시한 베티의 지적처럼 그들이 샤리나 차다르 착용 여성을 비판할 수 있는 이유는 형식보다 의도를 중시하는 종교 해석 때문이었다. 종교적 가르침을 형식적으로 준수하기보다는 그 취지와 의도를 따르는 편이 더 중요하다는 견해를 가진 것이다. 자신들의 입장을 설명하기 위해 그들이 자주 쓴 표현은 '이클라스ikhlas'다. 의도의 진실성을 의미하는 이클라스를 부각함으로써 자신들은 신의 명령을 따르려는 의도를 가지고 있으므로 형식을 강조하는 여성에 비해 열등한 것이 아니라고 생각했다. 그들은 샤리나 차다르를 착용한 여성이라도 위선적일 수 있음을 직접 경험함으로써 이들과 자신들의 평면적 비교가 부적절함을 주장할 수 있었다.

같은 이유로 그들은 히잡을 쓰지 않는 여성에게 관용적인 태도를 보였다. 즉 히잡을 쓰지 않은 여성이라 해도 종교적 의무를 간과하는 것으로 간주하지 않았으며 히잡을 쓰지 못할 여러 가지 상황이 존재하기 때문에 히잡과 종교적 믿음을 직접 연결할 수는 없다고 설명했다. 한 여대생은 이렇게 말했다.

히잡을 써야 한다고 종교 지도자는 말하지만, 사무실에서 일하는 여성과 농사일을 하는 여성이 같을 수는 없어요. 에어컨이 설치된 곳과 논에서 몸을 가리는 것을 동등하게 취급할 수 없어요. (이런 사정을 무시하고) 무조건 히잡을 써야 한다는 말은 합리적이지 않아요.

그들은 직업의 성격뿐 아니라 사회적 상황 역시 거론했다. 한 여대생은 자기 엄마의 이야기를 들려주었다. 그녀의 고향에서 히잡 착용은 서아시아로 순례를 다녀온 여성에 국한됐다. 일반 여성이 히잡을 쓰면 잘난 척한다는 말을 듣는 분위기에서는 히잡 착용이 종교적 의무 충족과 동일시될 수 없다. 이웃과의 조화 역시 이슬람에서 강조되는 교리라고 그녀는 덧붙였다.

의도의 순수성이라는 면에서 볼 때 히잡을 쓰지 않아도 히잡의 목적을 충족시킬 수 있다는 의견 역시 제기했다. 몸매를 드러내 주변의 이목을 끌려는 의도 없이 규범에 맞게 옷을 입는다면 그것이 어떤 형태의 옷이든 교리를 충족시킨다는 것이다. 이런 주장을 한 여대생이 자유주의와 같은 거창한 이념을 들어 말한 것은 아니지만, 경험을 통해 얻은 그녀의 시각은 자유주의적 해석과 같은 선상에 놓여 있었다.

의도의 중시, 차다르나 샤리 착용 여성의 종교적 우월성 부정, 히잡을 쓰지 않는 여성에 대한 관용적 태도 등을 거론하며 그들은 히잡 교리를 흑백논리로 판단하려 하지 않았다. 남성 중심적 해석을 전적으로 부정하지는 않았지만, 형식적 조건 충족에 급급해하기보다는 마음에서 우러나오는 진정성의 확보가 더욱 중요하다고 여겼다. 이는 히잡에만 국한된 것이 아니며, 이슬람에서 요구되는 다양한 의무에도 적용된다고 그들은 지적했다.

히잡과 자기표현

한 여대생은 히잡을 쓰면 더 예뻐 보인다는 주장을 확신에 차서 말했다. "놀라울 정도로 예뻐 보여요"라고 말한 그녀는 어떤 상의나 하의와도 히잡을 조화시킬 수 있으며, 이를 통해 자신을 더욱 아름답게 표현할 수 있다고 했다. 그녀의 말을 들으며 어떻게 그것이 가능한지 물어보려던 내게 그녀는 예상치 못한 말을 덧붙였다. "히잡이 우리를 아름답게 만드는 이유는 우리를 신과 가깝게 만들기 때문이에요."

아름다움에 대해 이야기하면서 그들은 내적인 미를 빼놓지 않고 언급했다. 특히 영어 '이너 뷰티inner beauty'와 그에 상응하는 인도네시아어 '크찬티칸 (다리) 달람[kecantikan (dari) dalam]', '행동'을 의미하는 인도네시아어 '퍼릴라쿠perilaku' 혹은 '품행'을 의미하는 아랍어 임차어 '아클락akhlak' 등이 많이 쓰였다.

내면의 미를 설명하기 위해 '행동'이나 '품행'과 같은 표현이 사용된 점은 한국인의 시각에서 보면 흥미롭다. 내면의 미라고 할 때 우리가 떠올리는 요소는 마음, 심성, 정신과 같은 추상적인 덕목일 가능성이 높기 때문이다. 이러한 추상적 성격의 아름다움 역시 외부로 표출된다는 점을 고려하면 한국인의 사고와도 크게 차이가 나지 않는 것처럼 보이지만, 그들이 내적 상태의 외현화에 더 많은 강조점을 두고 있음은 명확했다.

내적인 미와 외적인 미 중 어느 것이 더 중요한지에 대해 그들은 차이를 보인다. 전자를 중시하는 입장과 양자 간의 조화를 중시하는 입장으로 갈렸다. 내면의 미를 더 중시하는 여성은 다음과 같이 말한다.

내면의 미가 최우선이에요. (외적으로) 아름다운 사람은 오래가지 않아요. 예쁜 여자는 많죠. 하지만 만나서 10분만 이야기하면 부족함을 알 수 있죠. 말하는 것만으로도 (내면의 미를) 알아차릴 수 있어요.

외모와 품행 모두를 중시하는 경우 외모가 품행의 일환이라는 견해를 표명했다. 즉 내면의 미와 외면의 미는 상호 연관돼 있으며, 품행이 적절하다는 말에는 외적인 모습 역시 포함된다는 것이다. 그들은 비싸고 화려한 옷이 아닌 소박하고 깨끗한 차림새 그리고 관리된 외모 등을 통해 내면의 미가 자연스럽게 외부로 표현된다고 말했다.

두 입장 모두 내면의 미를 강조했으며, 따라서 외모만을 대상으로 한 평가에는 거부감을 표했다. 이는 여성의 외모를 중시하는 남성에 대한 비판으로 이어졌다. 외모만으로는 여성의 아름다움이 평가될 수 없다는 것이 그 이유였다.

비판적인 자세를 견지했지만, 외적인 미를 바라보는 그들의 태도에는 일관적이지 않은 모습이 보였다. 그들은 때로 외적으로 아름답게 보이고 싶은 욕망을 여성의 본능이라고 말하기도 했고, '알라는 아름다움을 좋아한다'고 언급하며 외적인 미의 추구를 정당화했다. 이 경우 내외의 상호 연관성을 일부 인정하는 반면, 외적인 미에 더 많은 강조점을 두기도 했다. 한류를 좋아하는 것도 그랬다. 한 여대생은 한류 스타를 좋아하는 이유를 이렇게 설명했다.

우리는 때로 남성을 아이돌화化하기도 해요. 잘생긴 남성 스타. (……) 한국 음악을 들으면 잘생긴 이들의 모습에 반하게 돼요. 남자를 보는 것이 즐거워요. 특히 이들의 잘생긴 얼굴을 보는 것이 좋아요.

외모만 보고 한류 스타에게 끌릴 수 있다는 사실은 외적 아름다움에 대한 그들의 선호를 반영하는 것일 수도 있었다. 이러한 해석의 타당성을 증명하듯 그들은 내면의 미가 무엇이고 그것을 수련하기 위한 방식이 무엇인지에 대해서는 말을 아꼈다. 이는 외적인 미에 관심을 표명하고 즐겁게 떠들던 모습과 대조됐다.

외적인 미에 대해 이야기하던 중 '패션 베르시 판장fashion versi panjang'이라는 표현이 몇 차례 등장했다. '길다'는 뜻의 '판장', '버전'을 의미하는 '베르시'를 합쳐서 만든 이 말은 '긴 버전 패션', 즉 '긴 옷을 통해 추구하는 패션'이라는 뜻이다. 이 표현에 따르면 무슬림 여성과 서구 여성의 옷차림에 나타나는 차이점은 무슬림 여성이 긴 옷을 이용한다는 것뿐으로, 다른 면에서의 차이는 크지 않다.

긴 버전 패션

연구 대상 여대생에게 미적 표현은 인간의 본성이었다. 히잡은 이런 본성을 억누르지 않고 일정 정도의 제약을 가하는 것으로 이해됐다. 하지만 이러한 제약이 비이슬람권의 복장과 질적인 차이를 가져오는 것은 아니었다. 비이슬람권이라 해서 옷을 벗고 다니는 것이 용인되지 않는 것처럼 히잡 역시 옷과 관련된 특정한 기준을 제시하는 것이며, 아우라를 지키는 조건 아래 다양한 방식의 미적 표현이 가능하다.

미적 표현에 대해 이야기할 때 그들은 히잡의 제약보다는 효용에 더 많은 관심을 보였다. 예를 들어 그들은 히잡이 신체의 약점을 보완해준다고 단언했다. 머리 모양이 예쁘지 않고, 목이 길지 않고, 배가 나온 여성이라면 히잡 복장을 통해 단점을 덮을 수 있다는 것이다. 한 여대생은 자신을 예로 들었다. 자신의 모발을 연예인이나 모델과 같이 만들기 위해서는 많은 비용이 필요하지만, 히잡을 씀으로써 경제적 부담을 덜 수 있으며 맵시 있는 히잡을 통해 오히려 더 예쁘게 머리스타일을 표현할 수 있다고 했다.

히잡을 통한 미적 표현에 동의했던 그들은 '긴 버전 패션'을 위한 자신들만의 비법을 가지고 있었다. 그중 많은 관심을 받은 것은 히잡 스타일이었다. 단순했던 히잡 착용 방식이 최근 들어 다양해지면서 그들은 머리 모양을 꾸미듯 히잡 모양을 꾸민다고 말했다. 제한된 수의 헤어스타일과 달리 수십, 수백 가지 히잡 스타일이 가능하기 때문에 더욱 다양한 표현이 가능하다고 설명했다.

그들이 이용하는 히잡은 크게 두 종류였다. 하나는 정사각형 천이고, 다른 하나는 한쪽 길이가 다른 쪽보다 긴 형태였다. 둘 중 후자가 훨씬 더 다양한 스타일을 연출하는 데 유리하다고 했다. 히잡 스타일을 연출하기 위해서는 먼저 타이트한 천을 착용해 머리털과 목 부위를 둘러싸야 하는데, 이것을 치풋이라고 한

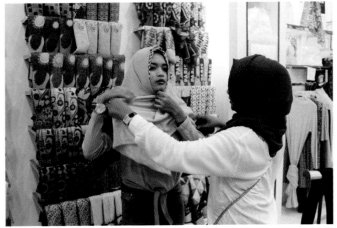

히잡을 쓰기 전에 착용하는 '치풋'
치풋을 쓴 후 히잡을 두르고 있다

① 천을 머리에 위치시킨다.

② 핀으로 천을 고정한다.

③ 긴 쪽을 넓게 편다.

⑦ 천 모양을 잡는다.

⑧ 핀으로 한쪽을 고정한다.

⑨ 핀으로 다른 쪽을
고정한다.

한쪽 길이가 긴 파시미나 히잡을 착용하는 과정

④ 천을 목 뒤쪽으로
두른다.

⑤ 뒤쪽의 천을 펴서 머리에
두른다.

⑥ 천을 앞으로 한 후
위치를 정렬한다.

⑩ 오른쪽을 접어 모양 만들
준비를 한다.

⑪ 오른쪽에 모양을 만든다.

⑫ 스타일을 완성한다.

다. 이처럼 치풋을 착용함으로써 머리털 노출을 안정적으로 막을 수 있으며, 그 위로 다양한 스타일을 연출할 수 있다. 다음의 사진은 치풋 쓰는 모습을 시연한 것인데, 편의상 히잡을 쓴 상태에서 그 위에 덧대어 착용한 모습이다.

사진에 보이는 치풋은 머리 뒤쪽에 스펀지를 넣은 것이다. 이것을 착용한 후 그 위에 히잡을 쓰면 긴 머리를 말아 올렸을 때처럼 머리 뒤쪽이 풍성해 보이는 효과를 기대할 수 있다. 머리가 짧은 경우 주로 이런 형태의 치풋을 쓴다.

치풋을 통해 뒷머리 모양을 풍성하게 만드는 방식은 오래전부터 알려져 있었다. 몇몇 학생은 과거 아랍 사회에서도 낙타의 혹처럼 머리 뒤쪽이 솟은 스타일이 유행했다고 말했다. 이런 스타일이 과도하게 유행하자 종교적으로 금지되는 일도 있었다. 그러나 그들은 금지 규정을 있는 그대로 적용해야 할 필요는 없다고 역설했다. 과도하지 않다면 문제가 되지 않을 뿐 아니라, 특별한 사정이 있어 머리털을 짧게 잘라야 할 경우 그것을 보완하는 효과가 있기 때문이다.

치풋을 통해 머리털이 안정적으로 가려지면 히잡을 이용해 본격적으로 다양한 스타일을 연출한다.

한쪽 길이가 다른 쪽보다 길어서 다양한 스타일을 만들 수 있는 파시미나가 유행한 후 히잡 스타일은 기하급수적으로 증가

여러 가지 히잡 스타일

했고, 잡지와 인터넷 매체를 통해 셀 수 없을 정도로 많은 히잡 스타일이 제시됐다. 얼마나 히잡 스타일이 다양한지 알아보기 위해 두 명의 대학생에게 자신이 선호하는 스타일의 히잡 착용을 요청했다. 그들이 보여준 스타일은 다음의 사진과 같다.

다양한 히잡 스타일과 함께 긴 버전 패션에서 중시되는 요소는 히잡과 옷의 조화, 특히 색과 무늬의 조화였다. 사진 위쪽의 회색 옷에 푸른색 계열의 무늬 있는 히잡을 쓴 여대생을 예로 들면, 그녀는 상하의를 먼저 입은 다음 옷과 조화되는 히잡을 선택한다고 했다. 푸른 계통의 옷을 입으면 회색 히잡을 써서 전체적인 색감을 중성화하려 했고, 무늬 있는 윗옷을 입으면 무늬 없는 히잡을 착용해 전체 분위기를 '부산스럽지 않게', '혼잡스럽지 않게' 했다. 지금처럼 회색 옷과 푸른색 히잡을 조화시키면 자신감이 생기고 자신의 피부와 잘 어울려 전체적으로 예뻐 보인다고 말했다.

긴 버전 패션의 조화 원칙에서 금과옥조처럼 거론되는 방식은 대조적인 무늬를 사용하는 것이다. 무늬 없는 단색 히잡은 무늬 있는 상의와 어울리고, 무늬 있고 화려한 히잡은 무늬 없는 상의와 어울린다는 것이다. 사람이나 동물 모양이 종교적으로 금기시되기 때문에 히잡 천은 선, 원, 네모 등으로 이루어진 기하학적 무늬가 주로 쓰이며, 꽃무늬나 전통 복장의 무늬 역시 선호됐다.

두 번째로 강조된 요소는 색이었다. 그들은 색의 대비, 조화를 중시해서 어두운 색과 밝은 색의 옷을 대비하거나 히잡과 하의를 동일한 계열의 색으로 맞추어 입어야 한다고 지적했다. 옷 전체의 색이 아닌 부분의 색 역시 미적 표현의 대상이 되어서 옷에 일부 포함된 색을 히잡 색과 맞추어 입었다. 색상환표의 유사색과 보색을 이용하는 방식, 같은 색이라도 명도 차이를 이용하여 조화시키는 방식 역시 중시됐다.

학생들은 천의 종류도 중요하다고 강조했다. 예를 들어 라이크라는 차가운 성격의 소재로, 낮에 이용하기에 좋고, 비단이나 시폰은 안정감을 주며 다양한 스타일을 편하게 연출할 수 있게 해준다.

　긴 버전 패션을 연출할 때 중시되는 또 다른 요소는 액세서리다. 브로치, 머리핀, 팔찌, 허리띠처럼 옷 위에 부착하는 것뿐 아니라, 가방이나 신발도 히잡 패션을 완성하는 요소로 간주됐다. 액세서리는 개인의 취향이 강하게 작용하는 것이라 뚜렷한 팁을 말하지는 않았다. 일부는 액세서리를 통해 옷만으로 부각하지 못하는 특징을 강조할 수 있다고 말한 반면, 일부는 옷을 보완하는 수준의 액세서리 착용을 선호했다.

　긴 버전 패션의 감각을 형성하는 데 주변인의 영향은 제한적이었다. 주변 사람의 차림새나 멋 내기에 주목하긴 해도, 그들의 의견을 적극적으로 구한다거나 복장을 평가하지는 않았다. 그렇다면 긴 버전 패션에 가장 많은 영향을 미치는 요소는 무엇일까? 그것은 바로 미디어다. 텔레비전과 인터넷을 통해 패션 경향을 알게 되고, 특히 대표적인 히자버의 패션에 주의를 기울인다. 히자버 커뮤니티 회원은 아니지만 인터넷, 특히 인스타그램은 히자버의 활동을 놓치지 않고 따라갈 수 있는 통로다. 인스타그램의 영향은 일방적이지 않아서 학생들 역시 패션 관련 사진과 활동을 자신의 인스타그램에 올리고 주변 사람과 이를 공유하는 모습을 보였다.

인스타그램에서 가장 적극적으로 활동하는 학생은 알파Alfa다. 재미삼아 시작했다는 그녀는 인스타그램에 상당한 양의 자료를 올려놓았다. 그녀의 인스타그램에는 히자버 선구자인 디안 펠랑이의 영향을 받은 듯 패션뿐만 아니라 방문한 곳, 음식 등의 사진이 함께 게재돼 있다.

긴 버전 패션의 연출 과정에는 한류가 영향을 미치기도 했다. 한류를 좋아하는 한 여대생은 한국 드라마나 음악에서 볼 수 있는 의상을 자신의 패션에 적용했다. 노출이 심한 한류 스타의 복장을 긴 버전 패션으로 전환할 수 있는 방법에 대해 그녀는 이렇게 설명했다.

바지는 긴 바지를 입으면 돼요. 상의를 따라할 때는 몸을 가리는 옷을 먼저 입고 그 위에 원하는 것을 겹쳐 입으면 되죠. 이렇게 하면 모든 옷을 이용할 수 있어요. (……) 중요한 것은 몸을 잘 가리는 것이고, 이것이 충족되면 나머지는 상황에 맞추어 적용할 수 있어요.

긴 버전 패션에서 특히 강조되는 것은 청바지였다. 이슬람계 대학 학생에게 청바지는 공식적 장소와 노는 장소를 구분하는 기준으로 작용하기까지 했다. 학교에 갈 때는 치마나 폭이 넓은

알파의 인스타그램 사진

바지를 입는 반면, 쇼핑몰로 대표되는 노는 곳에 갈 때는 청바지가 교복처럼 여겨졌다. 모든 옷과 잘 어울리고 맵시 있는 차림새를 연출할 수 있다는 점이 그들이 지목한 청바지의 장점이었다.

몸매를 드러내는 청바지 착용이 종교적으로 허용되느냐 하는 질문에 그들은 큰 문제가 없다는 태도를 보였다. 보통 긴 상의와 같이 입기 때문에 엉덩이 주변을 덮을 수 있다는 점, 청바지 천이 두껍기 때문에 몸매와 피부가 완전히 드러나지 않는다는 점이 그 이유였다.

긴 상의와 함께 입더라도 허벅지 일부와 무릎 아래 부위의 신체적 윤곽이 드러나는 것을 막을 수는 없지만, 이것은 문제가 되지 않았다. 노출 부위가 남성의 성적 상상과 직접 연결되지 않기 때문에 교리의 취지에 어긋나지 않는다는 것이다. 한 학생은 좀 더 종교적인 답변을 했다. 그녀는 청바지의 장점인 활발한 활동을 가능하게 한다는 점과 청바지의 단점인 다리의 윤곽이 드러난다는 점을 비교해야 한다고 말했다. 어떤 행동의 장단점을 비교해 장점이 더 많은 경우 그것을 취할 수 있다는 교리 해석 방식을 거론한 후, 그녀는 청바지가 여기에 해당한다고 말했다. 이러한 해석 방식은 인도네시아에서 가장 큰 규모의 이슬람 단체인 엔우가 지지하는 것이다. 히자버 담론에서 이런 해석

히잡과 청바지

방식이 자주 거론되지 않음을 고려해보면 그녀의 설명은 히잡에 대한 독자적이고 창조적인 해석이 일반 무슬림 여성에 의해 진행되고 있음을 시사한다.

긴 버전 패션과
멋 부리기

인터뷰한 여대생은 모두 화장에 대한 선호도가 청바지만큼이나 뚜렷했고, 또 눈에 띌 정도로 화장을 하고 있었다. 화장의 종교적 성격에 대해 묻자, 과도하지 않다면 문제가 되지 않는다고 답했다. 한 학생은 화장이 금지된 행동일 수 있다고 언급했지만, 그녀 역시 화장의 의도를 중시했다. 화장의 목적이 순수하지 않다면, 예를 들어 이성을 유혹하려는 목적을 가질 때 종교적으로 문제가 될 수 있지만 사회적 관행에 맞추는 수준이라면 괜찮다고 했다.

자기표현이라는 목적과 남성에게 잘 보이기 위한 목적이 현실에서 구분되기 어렵고 개인의 의도 역시 가변적임을 고려한다면, 종교적으로 용인되는 화장이 무엇인지 구체화하기는 쉽지 않다. 학생들은 이러한 복잡성을 인지하고 있었지만 이 문제에 크게 신경 쓰지 않은 채 화장을 일상화했다.

그리고 화장의 허용 여부에는 큰 관심을 보이지 않았지만, 화장품 재료에는 민감하게 반응했다. 알코올 성분이 섞인 화장품은 사용할 수 없음을 강조했고, 토너는 사용하지 않거나 성분을 일일이 검토한 후 사용한다고 덧붙였다. 화장품 재료에 대한 관심은 한국에서 가져간 마스크 팩을 선물로 주었을 때 자연스럽게 표출됐다. 학생들은 선물을 받고 즐거워하면서도 동시에 그 성분에 대해 즉각적으로 질문했다. 알코올이 들어 있지 않다는 답변에도 꺼림칙한 표정을 짓는 학생이 있기에 포장지에 한글로 쓰인 성분을 읽어주기까지 했다. 그들은 할랄 표시가 없는 화장품을 구매할 때는 알코올 성분 함유 여부를 꼼꼼히 살펴본다고 했다. 또한 알코올과 함께 젤라틴 성분에도 주의하는 모습을 보였다.[1]

학생들과의 대화에서 알게 된 새로운 사실은 방수가 되는 화장품, 특히 매니큐어의 문제였다. 기도하기 전 준비 단계로 무슬림은 손발과 얼굴을 씻어야 하는데, 이때 물이 신체 부위에 닿아야 한다. 하지만 매니큐어는 물이 손톱을 투과하지 못하게 함으로써 올바른 기도 절차를 불가능하게 만든다. 물 투과가 가능한 매니큐어만이 할랄에 속하는데, 이런 제품은 구하기 쉽지 않아서 보통 매니큐어 사용이 금기시된다고 한다.

또 학생들은 드러나지 않는 신체 부위에 대해서도 적극적인 관리를 하고 있었으며, 자신들의 방식이 히잡을 쓰지 않는 여성과 차이가 없음을 강조했다. 이와 관련해 가장 많이 언급된 부위는 머리털이었다. 히잡을 착용하면 머리털이 오랫동안 젖은 상태에 놓이기 때문에 히잡을 쓰지 않는 여성보다 오히려 더 모발에 신경을 써야 한다. 히잡을 쓰면 머리 감는 횟수도 많아지고, 샴푸 역시 히잡 쓴 여성을 위한 전용 제품을 사용하는 경우가 많았다.

화장품에 대해 이야기하는 중에 와르다Wardah 화장품이 자주 거론됐다. 와르다는 무슬림 여성을 대상으로 한 최초의 화장품 브랜드다. 서양 여성이나 그들을 닮은 여성을 광고 모델로 사용하던 기존의 관행과 달리 와르다는 히잡 착용 여성을 모델로 사용했고, 제품 모두 할랄 기준을 충족했음을 부각했다. 틈새시장을 개척했다는 평가를 받던 와르다는 선풍적인 인기를 얻으며 높은 매출 성장세를 기록했다. 와르다의 성공적 시장 진입은 기존 화장품 회사를 자극해 무슬림에게 특화된 제품 출시를 하나의 트렌드로 정착시켰다.

와르다 화장품은 대중으로 하여금 할랄 제품에 더 많은 관심을 기울이게 만들었다. 화장품 원재료에 대한 관심 역시 그 결과였지만, 그들에게 와르다 자체는 그리 호소력 있는 제품으로 받아들여지지 않았다. 와르다를 중년 여성용 화장품으로 평가하면서 그들은 좀 더 질 좋은 제품을 찾았다. 이 범주에는 한국 화장품도 포함된다. 대신 한국 화장품의 할랄 여부를 확인하기 위해 그들은 원재료를 더 주의 깊게 검토하는 노력을 기울인다.

히잡 착용, 히잡과 함께 입는 옷, 액세서리와 화장품 등을 통해 본 여대생의 꾸미기 방식은 히잡을 쓰지 않는 여성과 큰 차이를 보이지 않았다. 긴 버전 패션이 매우 적절한 표현이라는 인상을 줄 정도로 그들은 히잡을 쓰고 긴 옷을 갖추어 입는다는 면에서만 차이를 보일 뿐, 그 외에는 큰 제약 없이 자신을 아름답게 꾸미려 했고 자신만의 스타일을 추구했다.

어떤 면에서 그들의 꾸미기는 히잡 미착용 여성보다 더욱 광범위하게 이루어졌다. 그들의 꾸미기와 멋 부리기가 사적인 공간에서도 지속됐기 때문이다. 이러한 점은 우연히 염색이 대화 주제가 됐을 때 드러났다. 대화를 나누던 세 명의 여대생은 이구동성으로 자신들이 염색을 했다고 밝혔다. 한 친구는 붉은색으로, 다른 친구는 파란색으로, 또 다른 친구는 몇 가지 색을 섞어 염색했다고 말했다. 그들의 말을 듣는 순간 문득 떠오른 생각은 '뭐 하러?'였다. 남에게 보일 수도 없는데 왜 염색을 하는지 쉽게 이해할 수 없었다. 히잡을 쓰지 않은 여성을 따라해 보려는 단순한 호기심이 이유인 듯했는데, 이런 궁금증에 한 여대

와르다 화장품 광고
허잡 착용 여성을 위한 헤어 관련 제품 광고

생은 다음과 같이 대답했다.

> 히잡을 쓴다고 해서 꾸미기 영역이 제한되지는 않아요. 보이지 않는 부분이라고 해서 아름답게 만들려 하지 않는 것은 아니에요. (……) 꾸미기는 자기 자신을 즐겁게 하기 위한 것이에요. 이렇게 변한 제 모습을 보면 기뻐요. (……) 그렇기 때문에 (겉으로 드러나지 않는) 부분에 대한 꾸미기를 집에서 꾸준히 하게 돼요.

염색과 함께 거론된 행동은 공적 영역에서 금기시되는 매니큐어 칠하기였다. 그들은 집에서 매니큐어를 칠했다가 지우곤 했는데, 수십여 종의 매니큐어를 가지고 있다고 자랑스럽게 말한 여대생도 있었다. 매니큐어를 집중적으로 칠해보는 시기는 월경 기간이다. 이 기간에는 예배 의무가 없기 때문이다.

공적 영역에서 드러나지 않는 꾸미기 관행에 내가 관심을 보이자 그들은 피부 관리 방식에 대해서도 이야기했다.[2] 이상적인 피부 상태를 묘사하기 위해 '부드러운halus', '깨끗한bersih', '밝은cerah', '하얀putih' 등의 형용사를 썼고, 이를 '건조한kering', '푸석한kusam' 등과 대비했다. 이러한 형용사가 지시하는 피부 상태를 정확하게 이해하기는 쉽지 않았고, 그들 역시나 같은 문외한에게 그 뜻을 적절하게 전달하기에 어려움을 느끼는 듯했다.

흥미로운 것은 그들이 '하얀' 피부를 강조하지는 않았다는 점이다. 인도네시아 여성이 흰 피부를 갈망하고 그 이상적 모델이 서구 여성이라는 이야기는 일반인 사이에 회자되는 것이기도 하고, 학문적으로도 연구된 것이다.[3] 하지만 내가 인터뷰한 여대생들은 흰 피부보다는 깨끗하고 밝은 피부를 선호했다. '하얀'이라는 표현이 사용될 때 이는 단순히 색이 아닌 피부의 전반적인 상태를 말하는데, 잡티 없는 밝은 피부 상태가 색감보다 중시되기 때문인 듯했다.

피부 관리 방법으로 그들이 우선 거론한 것은 샤워였다. 하루에 두 차례 이상 샤워함으로써 깨끗하고 밝은 피부를 유지할 수 있다고 했다. 그리고 샤워 크림을 쓰거나 로션을 바르는 정도가 샤워와 관련된 추가적인 관리 방법이었다.

또다른 여대생은 천연 재료를 이용한다고 언급했다. 가장 쉽게 하려면 라임 같은 과일을 잘게 잘라 피부에 문지르면 된다. 아니면 마사지 팩을 이용하기도 한다. 마사지 팩 재료는 매우 다양했는데, 주변에서 쉽게 찾을 수 있는 파파야, 아보카도, 오이 같은 과일과 채소뿐만 아니라, 찹쌀이나 얌의 일종인 벙코앙 bengkoang 같은 곡물도 쓸 수 있다. 추가로 거론된 재료는 다양한 아로마가 첨가된 오일이었다.

마사지 팩에 대한 대화는 피부에 좋은 음식물, 나아가 다이어트 방법으로 이어졌다. 한 여대생이 뱃살 이야기를 꺼냈다. 헐렁한 옷을 입기 때문에 밖으로 드러나지는 않지만 뱃살은 고민스러운 문제라는 것이다. 그녀는 긴 버전 패션이 몸에 대한 관리의 필요성을 없애버리지 않는다고 강조하면서 말을 마쳤다.

보이지 않는 신체 부위의 관리에 대해 열광적으로 이야기하는 모습은 그들이 이 문제를 일상적 대화의 소재로 자주 삼았음을 보여준다. 인터뷰에서 그들은 자신의 신체 관리 방식이 히잡 미착용 여성과 차이가 없다는 사실을 부각하려 했다. 동시에 그것이 종교적 교리에 부합함을, 나아가 종교적 교리의 적극적인 실천일 수 있다고 지적했다. 한 여대생에 따르면 '피부를 관리하는 것은 감사함의 한 형태'일 수 있었다. 즉 자신들에게 제각각의 신체를 부여한 신께 감사하는 적극적인 행위 중 하나가 신이 준 몸을 가꾸고 관리하는 것이라는 말이다.

대화 중에 나타난 또 다른 흥미로운 점은 자신의 꾸미기가 모든 사람을 대상으로 하는 것은 아니라는 주장이었다. 그들은 '모든 사람이 내 아름다움을 즐길 필요는 없다'는 식의 태도를 드러냈다. 자신의 멋 내기는 자신의 즐거움을 위한 것이라고 역설했다.

앞서 지적한 대로 그들은 미적 표현의 적절성을 의도에서 찾으려 했다. 다시 말해 꾸미기와 멋 내기가 타인의 시선을 의식하거나 이성을 유혹하기 위한 것이라면 문제가 되지만, 그렇지 않다면 용인될 수 있다. 여기에 꾸미기의 대상이 자신이라는 인식이 추가되면서 그들의 미적 표현은 확실히 내적 지향성을 띠게 된다. 이는 남에게 보이기 위해서가 아니라 자기 자신을 위해 아름답게 꾸민다는 관점을 그들이 체화했음을 시사한다.

이들 여대생이 인스타그램에 자기 사진을 올리고 사이트 방문객의 '좋아요' 평가를 즐긴다는 사실을 고려하면, 그들이 외부의 시선에서 자유롭고 자신의 세계 안에서 미적 표현과 실천을 행한다고 평가하기에는 무리가 있다. 하지만 그들이 남에게 보여주기 위한 꾸미기와 미적 표현에 최소한 공식적으로는 동의하지 않는다는 사실 역시 경시할 수 없다.

정리하면, 연구 대상 여대생에게서는 타인의 시선을 중시하지만 그것만으로 자신을 재단하려 하지 않는 모습이 나타났다. 이러한 태도는 외적인 아름다움이 강조되고 그것에 핵심 가치가 부여되는 환경 형성을 억제했으며, 그로 인해 미적 경쟁에 내몰리는 부담에서 벗어날 수 있었다.

히잡이 여성의 정체성을 부정하고 미적 표현을 억압하는 기제라는 주장은 무슬림이 아닌 사람에게 설득력 있게 다가온다. 이러한 주장을 뒷받침할 사례를 찾기는 어렵지 않다. 이란혁명 후 히잡을 착용하지 않은 여성이 '두들겨 맞아 뼈가 부러지고 얼굴에 황산을 뒤집어쓰는 일'을 당했던[4] 상황은 여성성의 표현을 억압하고 여성을 익명화, 동질화하려는 남성 중심적 교리 해석의 극단적인 적용 결과였다.

히잡을 통한 여성의 익명화가 이슬람 사회의 한 모습이라고 해서 그것이 무슬림 여성 모두를 대표할 수 없음은 인도네시아 무슬림 여성을 통해 드러난다. 그들은 자신의 성향과 취향에 맞추어 히잡을 착용했고, 긴 버전 패션을 통해 개성을 표현하고자 했다. 이슬람 교리를 받아들이려는 그들에게 미적 표현과 실천, 꾸미기와 멋 내기는 종교와 조화될 수 있는 것이었다. 또 그들은 인스타그램과 같은 현대적 자기표현 매체를 능숙하게 이용하며 자신의 개성을 드러내려 한다. 그들에게 히잡은 표현욕을 가로막는 기제가 아니며, 그것 역시 자기 정체성의 일부로, 미적 표현의 한 요소로 수용했다.

연구 대상 여대생의 입장을 있는 그대로 인정하더라도 그들의 미적 표현이 히잡과 규정에 맞는 복장에 의해 제한된다는 사실 자체는 부정할 수 없다. 즉 히잡은 반드시 착용해야 하는 것이며, 더불어 비치지 않고 몸에 달라붙지 않는 옷을 입어야 하기 때문이다. 이러한 면을 고려한다면, 그들의 자기표현을 제한적으로 바라보는 시각을 전적으로 부정하기에는 어려움이 있다.

하지만 그들의 미적 표현이 제한적일지라도 그 차이를 절대화할 수는 없다. 무한의 자유가 주어진 것 같지만 한국 사회든 어디든 제한된 범위 내에서의 표현만을 용인한다. 그래서 한국의 경우 겨드랑이 털이 드러난 연예인은 이를 해명하기도 하고, '브래지어를 하든 말든, 여성의 가슴을 내버려둬라'라는 주장이 제기되기도 한다.

표현의 자유가 제한될지라도 한국 사회의 상황은 왠지 자연스럽고 당연한 것처럼 느껴진다. 반면 머리털과 목을 가리는 히잡은 부자연스럽고 부적절하며 과도한 것처럼 비추어진다. 하지만 이런 차이가 상대적인 것이며 우리 기준의 절대화가 적절치 않다는 사실을 부정하기는 쉽지 않다.

히잡 미착용 여성

연구 대상 여대생에 따르면 히잡을 쓰고도 자신만의 스타일을 연출할 수 있다. 히잡을 통해 약점으로 여겨지는 신체 부위를 감추고 장점을 부각함으로써 아름다움을 배가할 수 있다. 종교적 실천이 중시되는 분위기에서 히잡은 사회적으로 좋은 평판을 얻고 존중받는 수단이 되기도 한다. 히잡이 행동의 자유를 구속하지도 않으며 히잡으로 인해 신체적 불편함이 야기되지도 않는다. 그들의 주장만을 고려한다면 히잡 착용의 장점이 단점보다 훨씬 크다. 그렇다면 이런 장점을 취하지 않는 여성은 어떤 이유 때문일까?

2억 3000여 만 명에 이르는 인도네시아 무슬림의 규모를 생각해보면 히잡 착용 여성과 미착용 여성의 비율을 알아내기는 불가능하다. 히잡 착용 여성이 꾸준히 증가해온 것은 확실하지만, 이것만으로 히잡 착용이 대세라고 말할 정도는 아니다. 과거에 히잡 쓴 여성이 거의 없었음을 고려한다면, 히잡 미착용 여성이 여전히 다수라고 해도 큰 무리는 아니다.

히잡 착용 여성의 분포는 지역적, 사회 계층적으로 불균등하다. 히잡 유행이 대학교에서 시작됐기 때문에 고등교육을 받은 여성 사이에서 착용 비율이 상당히 높다. 지역적으로 보면 이슬람의 영향력이 강한 곳에서 히잡 착용이 두드러진다. 이는 다시 말해 히잡 미착용 여성은 사회경제적으로 중하층, 지역적으로 이슬람의 영향력이 강하지 않은 지역에 많이 분포한다는 뜻이다. 연구 대상 여대생 역시 이런 상황을 인지하고 있었다. 히잡을 쓰지 않는 이유를 묻자, 그들은 사회종교적 환경을 거론했다. 주변에 히잡 쓴 사람이 많지 않다면 히잡 착용이 쉽지 않다는 것이다. 그들은 낙후된 농촌을 히잡 착용 비율이 저조한 지역으로 지목했다.

히잡을 쓰지 않는 여대생 스리Sri는 자신을 소수자로 규정했다. 무슬림 친구 중 상당수가 히잡을 쓰고, 강의실에서도 히잡 쓴 학생의 비율이 더 많기 때문이다. 하지만 그녀는 복장 때문에 차별을 받는다고 생각하지 않았다. 그녀는 "히잡 쓸 준비가 아직 돼 있지 않아요"라는 말로 자신의 상황을 설명했다. 히잡을 옷으로만 이해한다면 그녀의 답변은 적절치 않았다. 히잡을 구입하는 순간 준비가 끝나기 때문이다. 하지만 그녀에게 히잡 쓸 준비는 복장이 아닌 삶의 방식, 즉 이슬람 교리에 부합하도록 살겠다는 의지와 관련이 있다.

히잡을 삶의 방식과 연결하면 그 준비 여부는 전혀 다른 해석으로 이어진다. 준비가 충분하지 않아서 히잡을 쓰지 않는다는 말은 준비가 끝난 사람만이 히잡을 써야 한다는 주장, 나아가 히잡을 쓰는 여성이 그에 걸맞은 준비를 하지 못했다면 말이 안 된다는 주장으로 전환될 수 있다.

이러한 비판적 태도가 히잡을 쓰지 않는 여대생 세 명과의 인터뷰에서 자연스럽게 표출됐다. 스리는 히잡 쓸 준비에 대한 엄격한 기준을 제시했다. 그녀에 따르면 히잡 착용은 신과의 약속으로 한번 시작하면 죽을 때까지 그 상태를 지킬 수 있으리라는 신념이 생겼을 때 시작해야 한다. 마음 깊숙이 우러나오는 신앙심이 준비 과정의 핵심이라면, 히잡 쓴 여성의 행동거지는 이슬람 교리에 부합해야 한다. 하지만 히잡 쓴 여성에게서 이러한 모습이 나타날 가능성은 히잡을 쓰지 않은 여성에게서 그것이 나타날 가능성과 별 차이가 없다고 그녀는 단언했다.

스리의 입장을 파티나Fatina는 좀 더 강하게 표현했다. 히잡을 쓰지 않는 자신은 하루 다섯 차례의 예배를 거의 빠짐없이 드리는 반면, 히잡 쓴 자신의 친구 중 상당수는 가끔 한 번씩 예배할 뿐이라는 것이다. 이를 통해 그녀는 히잡 착용과 종교적 우월성을 연결하려는 시도를 명백하게 거부했다.

그들이 지적한 히잡 쓸 준비에는 종교적 영역과 일상의 영역 모두가 포함됐다. 종교적으로는 하루 다섯 차례의 예배와 금식 같은 이슬람의 필수 의무가 거론됐다. 매일 다섯 차례 예배할 수 있고 한 달 동안의 금식을 철저하게 완수할 수 있을 때 비로소 히잡을 착용할 준비가 됐다고 할 수 있다. 일상의 문제와 관련해서는 품위 있게 행동하고, 타인에게 친절하며, 타인의 마음을 아프게 하지 않고, 온화하게 말을 하며, 이성을 맞아 조신하게 행동하는 등 다양한 행동양식이 거론됐다. 또 낭비하지 않아야 하고, 삶을 즐기려 하지 말아야 한다는 식의 금욕적 태도 역시 강조됐다. 그들의 이야기를 있는 그대로 적용한다면 히잡 쓸 준비가 된 사람은 현실에서 쉽게 찾아볼 수 없을 것 같았다.

이런 태도를 취하는 이들은 패션 히잡에 매우 비판적이었다. 흥미로운 점은 이러한 견해를 뒷받침하기 위해 이들이 남성 중심적 교리 해석을 준거점으로 수용했다는 것이다. 예를 들어 스리는 히잡 관련 교리의 취지가 여성의 미적 표현 금지이기 때문에 바지와 화장품이 금지된다고 말했다. 이런 기준에서 본다면 패션과 히잡은 양립 불가능하며, 히잡을 쓰면서 멋을 추구하는 여성은 히잡 착용의 취지를 간과한 것이 된다. 파티나는 서아시아의 예를 들어 자신의 견해를 설명했다.

아랍에서는 모든 히잡이 동일하며 (히잡을) 패션으로 생각하지 않아요. 하지만 인도네시아에서는 히잡을 패션으로 여기고 여러 모델을 제시하죠. 마치 여러 모델을 보고 머리털을 자르는 것처럼 모델을 보고 히잡을 쓴다면 무엇 하러 그것을 착용하죠?

그녀는 자신이 맵시 있는 옷 입기를 좋아하기 때문에 아직 히잡 쓸 준비가 돼 있지 않다고 말했다. 다른 사람과 똑같은 멋이 배제된 옷을 입을 자신이 없다는 것이다. 이렇게 말하며 그녀는 복장에 대한 이슬람 교리의 핵심이 검소함과 단순함이라고 설명했다. 이 말을 통해 그녀는 패션 히잡을 지지하는 여성을 비판하고, 자신이 히잡 쓴 여성보다 더 종교적일 수 있음을 주장했다. 자신은 몇만 루피아의 티셔츠에 만족하는데, 히자버는 몇십만, 몇백만 루피아에 달하는 히잡 패션을 추구한다는 것이다. 그러면서 그녀는 히자버가 제대로 된 히잡 패션을 갖추려면 수천만 루피아에 달하는 비용이 든다는 말을 몇 번이나 반복했다.

인터뷰 중에 히잡 쓴 여성에 대한 비판이 나와서인지 스리는 은연중에 '크르두스kerdus'라는 생소한 어휘를 꺼냈다. 나는 그것을 포장지를 의미하는 '카르두스kardus'로 잘못 알아들었는데, 이 의미로는 그녀의 말을 쉽게 이해할 수 없었다. 의아한 내 표정을 보더니 그녀는 크르두스가 '크루둥 두스타kerudung dusta'의 줄임말이라고 설명했다. 전통 히잡인 크루둥에 거짓이나 속임을 뜻하는 두스타가 합쳐진 말로 '거짓 히잡'을 뜻했다.

거짓 히잡이라는 말의 줄임말이 존재한다는 것은 히잡에 대한 비판적 담론이 형성돼 있음을 시사한다. 자주 사용되는 표현을 보통 줄임말로 만들어 쓰기 때문이다. 그런데 거짓이나 속임을 말하기 위해 '티푸tipu'나 '보홍bohong' 같은 일반적 표현이 아닌 '두스타'가 활용됐다는 점은 의미심장했다. 이 말은 일상의 상황뿐 아니라 종교적, 윤리적 영역에서의 거짓을 지시하기 위해 자주 이용된다. 예를 들어 '종교를 속인다'는 문장을 만들 때는 두스타의 동사형이 보통 이용된다. 두스타라는 어휘를 통해 '인간을 속인다'는 의미뿐 아니라 '알라를 속이려 한다'는 의미가 거짓 히잡에 부여될 수 있다. 이러한 의미 적용 방식을 염두에 둔 듯 스리는 다음과 같이 설명을 이어 나갔다.

거짓 히잡은 히잡을 단순히 육체적으로만 사용하는 것으로, 진정한 무슬림의 모습을 반영하지 않아요. 바람직한 모습은 몸과 마음 모두에 히잡을 쓰는 것이며, 이를 통해서만 진정한 무슬림 여성이 될 수 있어요.

스리는 히잡이 단순한 복장의 문제가 아님을 강조했다. 즉 자신은 단순히 옷으로서가 아닌 진정한 의미의 히잡을 쓰려 하지만, 아직까지 준비가 덜 돼 있기 때문에 그것을 미루는 것이라고 주장했다. 이러한 설명 방식은 히잡을 쓰지 않는 여성이라도 종교적 중요성을 부정하지 않는다는 점을 보여준다.

히잡을 쓴 여성과 그렇지 않은 여성이 동일한 설명의 틀을 공유한다는 사실은 히잡 미착용 여성이 히잡 착용 여성에게 열등감을 느낄 수 있음을 시사한다. 같은 기준을 공유할 때 이를 충족시키는 집단이 히잡 착용 여성이기 때문이다. 하지만 스리와 같은 여성은 히잡 착용 여성의 종교적, 도덕적 우월성을 인정하지 않았는데, 이는 외적 차원이 아닌 내적 차원을 강조함으로써 가능했다. 히잡의 목적은 단순히 머리털과 몸을 가리는 것이 아니며, 종교적 교리를 준수하겠다고 신께 약속하는 것이다. 이런 관점에서 본다면 히잡 미착용 여성은 히잡 착용 여성 중 상당수가 속하는 위선자의 범주에 포함되지 않는다. 종교적 요구를 충실히 준수할 준비가 안 된 상태에서 자신들은 위선자가 되기보다는 부족한 점을 드러내는 편을 택한 것이기 때문이다.

히잡에 부여되는 다차원적 의미로 인해 히잡 미착용 여성은 종교적, 도덕적 열등함을 받아들일 필요가 없다. '거짓 히잡'이라는 표현이 보여주는 것처럼 그들은 종교적 가르침을 준수하지 못한 사람으로 매도되지 않을 수 있다. 이러한 입장이 이슬람 담론에서 제한적으로나마 표출되고 공감됨으로써 그들에게 종교적 낙인을 찍으려는 경향이 강화되지 않았고, 히잡을 둘러싼 관용의 태도가 전반적으로 유지될 수 있었다.

히잡 미착용에 대한 관용적인 분위기에도 간과할 수 없는 사실은 개인의 복장이 종교적 틀 내에서 설명된다는 점이다. 역사적 전통, 사회문화적 상황, 경제적 조건, 정치적·법적 상황, 개인의 취향 등에 기반을 둔 복장 선택에 종교가 새롭게 개입하게 됐다는 점의 중요성은 그냥 지나칠 수 없다. 이는 현대 무슬림 사회에서 히잡이 과거로 회귀하려는 전근대적 행보의 결과가 아니며, 현대적 변화에 적응하고 대응하는 과정에서 형성된 현대성의 한 표현임을 시사한다.

히잡 미착용 여성의 히잡관은 히잡을 둘러싼 경합 과정의 복잡성을 요약한다. 그들은 히잡을 쓴 여성보다 훨씬 엄격한 종교적 의미를 히잡에 부여했다. 또 그들은 히잡이 여성의 미를 은폐하기 위한 것이라는 남성 중심적 교리 해석을 지지했다. 이로 인해 히잡과 미적 표현의 관계에 대한 인식은 현실에서 전도된 방식으로 표출됐다. 히잡을 쓴 여성은 히잡과 패션의 양립 가능성을 주장하는 반면, 히잡을 쓰지 않는 여성은 양자의 양립 가능성을 부정했다.

아이러니하게 보일 수도 있는 이러한 상황은 히잡을 둘러싼 경합의 과정이 단선적이지 않고 상황적임을 말해준다. 히잡 착용 여부만으로 미적 표현에 대한 태도를 규정하려는 시도는 한국 사회에서 특정한 복장을 입었다는 이유로 그 착용자에게 특정한 이미지를 부여하려는 것과 유사하다.

한국인에게 복장을 통해 표현되는 의미가 다의적이고 복합적이며 맥락적인 것처럼, 인도네시아 무슬림 여성에게도 동일한 상황이 적용된다. 이러한 사실을 무시하고 히잡에 정형화된 의미를 부여하려는 순간 그들의 삶을 왜곡해 바라볼 가능성은 높아진다.

epilogue

●

"히잡 보면 겁난다." 이 책의 원고 작업이 막바지에 이르렀을 때 포털 사이트의 뉴스 기사를 읽다가 발견한 댓글이었다. 댓글이 달린 기사는 히잡과 직접 연관되지 않았다. 굳이 관련성을 찾자면 기사가 트럼프 미국 대통령의 테러 위험국 시민 입국 제한 행정명령을 다루었다는 점이다. '이라크, 예멘 국적 여섯 명, 뉴욕행 여객기 탑승 거부돼'라는 제목의 연합뉴스 기사에서는' 트럼프 대통령의 행정명령 이후 테러 위험국으로 지목된 국가의 상황이 보도됐다. 기사는 사실 전달 위주로 작성됐지만, 미국에서 공부하다 잠시 이란에 다니러 온 유학생의 미국 입국 거부라는 안타까운 사연이 소개되기도 했다.

기사와 직접 연관이 없는데도 히잡을 댓글 소재로 채택한 이유를 가늠하기는 어렵지 않다. 테러 위험국은 이슬람을, 이슬람은 히잡을 연쇄적으로 상기시키기 때문이다. 이러한 연상 과정의 자연스러움은 다른 댓글에서도 확인할 수 있었다. "모든 테러는 이슬람에 의해 벌어졌다는 건 팩트다"라는 한 댓글의 지적처럼 테러와 이슬람의 연관성은 상당수의 글에서 당연한 것으로 받아들여졌다.

일부 국가 출신자의 미국 입국 금지 기사를 보면서 독자가 떠올린 소재는 이슬람만이 아니었다. 댓글 작성자 중 상당수는 한국에 거주하는 외국인 불법체류자를 떠올렸고, 이들에 대한 유사한 정책이 필요하다고 역설했다. 예를 들어 이 기사에 대한 전체 222개의 댓글 중 1139건의 '좋아요' 평가를 받아 최고의 호감도를 기록한 글은 "우리도 중국, 연변, 조선족 받지 마라"라는 것이었다.

댓글의 논조는 크게 네 범주로 나뉜다. 첫 번째와 두 번째 범주는 각각 이슬람과 국내 거주 외국인에 대한 부정적 의견이었는데, 높은 호감도를 받은 댓글 대다수가 이에 해당했다. 세 번째 범주는 앞의 두 입장에 기반을 둔 트럼프의 정책을 지지하고 칭송하는 글로, 호응이 높은 편에 속했다. 마지막 범주는 트럼프의 정책을 비판한 글이었다. '좋아요'를 많이 받은 순서대로 댓글이 소개되는 방식이니 이 범주의 글 대다수는 댓글 목록 마지막에 집중적으로 배치됐다. 이 범주의 댓글 일부에는 "저 차별이 더 나아가서 장애인에 대한 차별, 여성에 대한 차별, 동양인에 대한 차별로 이어질지 누가 아냐. (……) 남 일 같지가 않다"와 같은 식으로 트럼프의 행정명령을 한국인의 입장에서 바라보려는 모습이 나타났다.

이슬람에 비판적인 댓글 중 일부는 이슬람에 대한 증오와 불만을 원색적으로 표출했다. '개슬람', 'gae슬람', 'dog슬람'과 같은 표현이 있었고, 무슬림이 '새키(새끼)'나 '벌레'와 같은 말로 지칭되기도 했다. 저속한 표현을 쓰지 않은 상당수의 댓글 역시 비아냥거리거나 헐뜯는 투였다.

트럼프의 행정명령 기사를 읽으며 이슬람을 떠올리고, 그에 대한 불만을 표출하는 모습은 '이슬람혐오증'을 생각하게 한다. 이는 '이슬라모포비아Islamophobia'라는 영어 신조어를 번역한 것이다. 포비아는 보통 공포와 관련 있는데, 무슬림과 직접 접촉한 경험이 많지 않은 한국인에게는 '공포증'보다는 '혐오증'이라는 표현이 더 적절해 보인다. 이슬람혐오증은 이슬람이나 무슬림을 접하면서 혐오, 분노, 반감, 편견, 공포 등을 즉각적으로 떠올리는 감정적 상태를 일컫는다.

이슬람혐오증적 태도는 히잡을 소재로 한 네 개의 댓글 모두에서 찾을 수 있었다. "히잡 보면 겁난다"라는 댓글을 좀 더 구체화해 서술한 네티즌은 외국에서 히잡 쓴 여성과 함께 비행기를 타면 "온갖 상상에 별의별 불안한 생각이 다 들어서 미치겠

더라"라는 말로 공포의 차원을 부각했다. 다른 네티즌은 이슬람 국가에서 히잡이 강제됨을 전제한 후 "문화 같지도 않은 문화를 강요하는 쓰레기"라며 반감을 표현했다. 또 다른 댓글은 이슬람혐오증의 전형을 보여주었다. 어떤 이유도 제시하지 않은 채 "인스타그램에서 히잡 쓴 여성의 사진을 보면 토 나올 거 같음"이라고 적으면서 무조건적 혐오감을 드러냈다.

이슬람혐오증을 촉발한 요인으로는 한국에서 일하는 외국인 무슬림 노동자에 대한 반감, 일부 기독교계를 중심으로 유포되는 이슬람 확산에 대한 경계심, 이슬람권에서 한국인이 테러의 희생자가 됐던 경험 등을 거론할 수 있다. 공적 영역에서 종교적 가치를 전면에 내세우는 모습에 대한 거부감 역시 일정한 역할을 했다. 유럽과 미국에서 반복적으로 발생하는 테러, 끊이지 않는 서아시아 지역의 전쟁과 테러, 최근 몇 년 동안 이어진 IS의 공세와 만행 역시 큰 영향을 미쳤을 것이다.

서구 미디어의 영향을 받는 한국 미디어가 오리엔탈리즘 성향을 내재한 점은 사실이지만, 그렇다고 해서 테러와 이슬람의 연관성을 부정하기는 쉽지 않다. 테러 관련 집단이 이슬람을 대표할 수는 없지만, 이들이 자신들의 폭력을 정당화하기 위해 이슬람을 이용해온 것은 사실이기 때문이다. 이런 현실적 상황으로 인해 반이슬람적, 이슬람혐오증적 태도를 전환시키기는 쉽지 않아 보인다. 이러한 태도의 적절성에 대한 반성적 성찰이 이루어질 환경이 조성되고, 의식적이며 지속적인 노력이 이루어질 때라야 무슬림에 대한 균형적이고 편견 없는 접근이 가능할 수 있을 것이다.

무슬림을 이해하기 위한 노력을 왜 한국인이 해야 하는지 의문스러울 수도 있다. 이슬람을 균형 있게 바라볼 수 있도록 환경을 조성하는 일은 일차적으로 무슬림의 몫이라 여겨지기 때문이다. 하지만 한국 사회에서 무슬림이 이 같은 역할을 떠맡을 수 없음은 자명하다. 한국인 중 이슬람 신자인 사람은 극소수이며, 국내 무슬림의 대다수를 차지하는 외국인 이주자 역시 자기 목소리를 뚜렷하게 드러낼 수 없는 처지다. 상황이 이렇다면 노력을 시작해야 하는 쪽은 한국인이 아닐까. 그래야 주변 세계를 좀 더 관용적으로, 배타적이지 않게, 균형 있고, 편견 없이 존중하면서 바라볼 수 있는 능력을 함양할 수 있을 것이다. 그리고 이는 무슬림뿐 아니라 한국인의 삶 역시 윤택하게 만들 밑거름이 될 것이다.

이러한 노력의 일환으로 히잡 연구를 시작했고, 이 책을 쓰게 됐다. 미진하나마 이 책을 통해 한국인에게 익숙하지 않은 복장을 착용한다는 이유만으로 무슬림 여성을 차별하지 않고, 그들과의 교류를 스스로 제약하지 않는 계기가 되기를 기대한다.

＊ ＊ ＊

내가 처음 이슬람과 접촉한 1990년대 초의 상황은 지금과 조금 달랐다. 당시에도 이슬람 관련 테러 뉴스가 있었고 걸프전이 발발하기도 했지만, 지금처럼 반이슬람적 분위기가 형성돼 있지는 않았다. 그래서인지 내가 무슬림을 만났을 때 받은 첫인상은 신기함이었다. 시간에 맞춰 기도하거나 금식하는 모습은 생경했지만, 그렇다고 해서 '우리와 다르다'는 느낌이 강하게 들지는 않았다.

이슬람을 연구하면서 얻은 결론은 무슬림이 다양하다는 점이다. 해가 뜨고 지는 것을 보며 신의 섭리를 느끼고 이슬람의 가르침에 따라 살아가려는 무슬림이 있는 반면, 1년에 한 번도 기도하지 않는 무슬림도 많았다. 종교 활동에 가끔 참여하지만 종교적으로 금지된 행동을 하는 무슬림도 있었고, 평소에는 모스크에 나타나지 않다가 라마단 때만 얼굴을 보이는 무슬림도 있었다. 이런 모습을 보면서 한국에서 접한 다양한 종교도의 모습을 떠올리게 됐다. 물론 한국과 인도네시아의 종교 환경에는 커다란 차이가 있다. 대놓고 종교를 비판할 수 있는 한국과 달리 인도네시아에서 무신론은 공식적으로 인정되지 않는다. 그럼에도 거시적 환경을 제외한다면 무슬림의 삶은 내가 기존에 알던 종교도의 삶과 큰 차이가 없었다.

이전의 내 연구는 주로 남성 무슬림이 대상이었다. 따라서 히잡을 쓴 여성이 증가하고 히잡 스타일이 다변화된다는 것을 느끼고만 있었을 뿐 그 현상의 배후에 대해서는 깊이 생각해보지 못했다. 일천한 지식에도 조사를 시작하게 되자 히잡 스타일이 매우 다양하고 그것에 부여되는 의미 역시 다차원적임을 쉽게 감지할 수 있었다. 따라서 문제는 이러한 다양성을 밝혀보는 것이었지만, 그리 만만한 작업이 아니었다.

이러한 어려움에도 무슬림 여성을 대상으로 조사를 계속할 수 있었던 이유는 크게 두 가지였다.

하나는 이들의 종교관이었다. 지난 10여 년 동안 내가 연구한 대상은 인도네시아의 이슬람 단체였다. 연구 과정에서 만난 사람은 모두 명확한 종교적 신념을 지녔고 이슬람에 대해 해박한 지식을 가지고 있었다. 이들과 주로 교류했기에 '보통' 무슬림을 만나 종교에 대해 이야기할 기회는 많지 않았다. 그 결과 히잡 연구를 위해 무슬림 여성을 만나려 할 때 내게는 일정 정도의 선입견이 존재했다. 적극적으로 종교 활동을 하지 않는 이들은 명확한 종교적 신념을 가지고 있지 않거나 자신의 종교관을 구체적으로 표현하지 못하리라는 것이었다. 그러나 현실은 생각과 달랐다. 어려운 아랍어 용어나 세련된 표현을 제시하지 않았을 뿐 그들은 모두 자신만의 종교관을 가졌고 그것을 표현하는 데 주저함이 없었다. 그래서 그들과 나눈 대화는 늘 재미있고 흥미로웠다.

다른 하나는 문화인류학적 연구 방법이었다. 연구 대상자의 입장에서 현실을 바라보는 것이 목적이었기에 주로 인터뷰 대상자의 말을 듣는 일이 많았다. 다행스럽게도 시간 여유가 있었기 때문에 히잡이나 화장뿐만 아니라 신변잡기적인 소재로도 대화를 이어갈 수 있었다. 음식, 학교생활, 여행, 가족, 쇼핑, 영화, 음악 등 그들이 좋아하는 주제를 대상으로 나눈 대화는 그들과 나 사이의 공유 부분을 형성했고, 그것은 그들의 삶 전반에 대한 관심으로 이어졌다. 이러한 과정을 통해 히잡 그리고 그들의 미적 인식과 실천에 대한 자료가 조금씩 모였고, 수박 겉핥기를 조금은 뛰어넘는 수준에서 연구를 진행할 수 있었다.

* * *

히잡과 아름다움에 대해 조사, 연구하면서 얻은 결론은 인도네시아 무슬림 여성의 미적 인식과 실천이 다양하다는 점이다. 이는 현실의 모습을 보여주는 특징만은 아니며, 현실을 어떻게 바라보아야 할지에 대한 문제의식을 포함한다. 다양성을 인정한다면 그들과 한국인의 차이를 질적인 것인 아닌 양적인 것으로 받아들일 기반을 확보할 수 있다.

히잡을 착용하는 여성이라 해도 상반신 전체를 가리는 히잡, 상반신 일부를 가리는 히잡, 무채색의 히잡, 화려한 색이 혼합된 히잡, 유행에 맞게 꾸민 히잡을 착용하는 여성이 공존한다. 또 어느 날은 상반신 전체를 가리는 히잡을, 다른 날은 상반신 일부만 가리는 히잡을 쓰기도 하며, 오전에는 히잡과 넓은 치마를, 오후에는 히잡과 타이트한 청바지를 입기도 한다. 이들은 어떤 히잡을 어떻게 써야 할지 고민하고, 히잡과 다른 옷을 예쁘게 조화시키기 위해 정보를 찾아보며, 어떤 가방과 액세서리가 히잡과 어울릴지 고심하고, 자신의 히잡 패션을 인스타그램에 올려 남에게 보여주려 한다. 이들 무슬림 여성에게서 오늘은 미니스커트를 입을지, 핫팬츠를 입을지, 옷에 어울리는 화장은 무엇인지 고민하는 한국 여성의 모습을 찾아내기는 어렵지 않다.

무슬림 여성의 다양한 미적 취향과 행동은 히잡 쓴 여성을 뭉뚱그려 하나의 무리로 취급하거나 히잡을 아름다움의 은폐 도구로 간주하여 히잡 쓴 여성을 미적 표현에 무관심한 존재로 치부할 수 없게 했다. 이런 식의 관점은 현실을 왜곡하는 것이다.

조사 대상 여성과 패션에 대해 이야기할 때 그들이 공통으로 거론한 것은 조화였다. 몇몇은 이를 '믹스 앤드 매치'로 표현했다. 유채색과 무채색의 조합, 무늬 있는 옷과 그렇지 않은 옷의 조합, 화려한 형태와 단조로운 형태의 조합을 거론하면서 그들은 대조적 요소 간의 믹스 앤드 매치를 히잡 패션의 기본 원리로 설명했다. 조화에 대비되는 방식은 '튀는' 스타일, 즉 타인의 주목을 즉각적으로 이끌어내는 스타일이었다. 조화로운 스타일을 선호하는 이유는 명확하지 않다. 가장 그럴듯한 설명은 이를 문화적으로 강조되는 덕목과 연결하는 것이다. 극단이 아닌 중간을 지향하는 태도, 감정적 표현의 표출을 지양하고 항상성을 강조하는 태도 등과 같은 인도네시아의 문화적 특징이[2] 미적 조화와 연장선상에 놓여 있다는 인상을 준다.

미적 실천과 관련된 흥미로운 점은 외부로 드러나지 않는 부분에 대한 높은 관심이다. 히잡 착용으로 인해 노출은 제한되지만, 보이지 않는 부분, 예를 들어 머리털은 얼굴만큼이나 주목을 받는 관리 대상이었다. 이들의 미적 인식에서 나타난 특징은 내적인 미에 대한 강조였다. 이는 한국인에게도 낯설지 않지만, 우리와 달리 인도네시아 무슬림 여성에게 그 중요성은 강력하게 유지됐다. 이러한 차이를 가져온 요인은 종교다. 종교를 삶의 원칙으로 받아들이고 내적 차원을 종교적으로 강조하기 때문에 그들은 아름다움을 거론할 때 내면의 미를 빼놓지 않고 언급하는 것이다. 언행과 태도 등을 통해 밖으로 표현되는 내면의 미가 무엇인지 구체적으로 설명하지는 않았지만, 친절, 절제 등과 같이 종교적으로 권장되는 덕목을 때때로 거론했다.

서구로부터의 변화를 수용하고 현대적 라이프스타일을 선호하는 경향이 연구 대상 무슬림에게도 나타났고, 이는 유행을 따르는 경향으로 표현됐다. 이러한 성향을 가진 여성 사이에서 히잡 착용이 증가하고 이슬람식 미를 추구하려는 모습이 나타난다는 사실은 현대성의 실현 양식에 대해 재고하도록 한다. 서구적 경험과 달리 인도네시아 무슬림 여성에게 현대성은 종교와 대비되는 것으로 이해되지 않는다. 종교적 의무를 충족시키기 위해 히잡을 착용하면서 동시에 현대적 패션 흐름에 맞도록 그 스타일을 변화시키고 아름다움을 추구하는 행동은 상호 모순되지 않는 모습으로 받아들여졌다.

현대성과 이슬람의 공존은 보수적이고 남성 중심적인 무슬림의 비판을 받았고, 외부인에게는 이해하기 힘든 현상처럼 비칠 수 있다. 하지만 연구 대상 여성에게 양자의 결합은 자연스럽고 자신의 종교관에 의해 뒷받침되는 것이었다. 이들에 따르면 이슬람 교리가 단일하게 해석될 수 없기에 남성 중심적 시각을 정통 해석으로 수용해야 할 이유는 존재하지 않는다. 달리 말하자면, 연구 대상 여성에게는 자신 역시 이슬람 교리를 해석하고 실천하는 주체적 행위자라는 인식이 존재했다. 외부인에게 히잡이 남성 중심적 교리를 강제하는 수단으로 이해되는 반면, 그들에게 그것은 자신의 주체적 해석을 적용할 수 있는 영역이었다. 그들은 자신의 상황과 성향에 맞게 미적 실천을 추구하는 모습을 보여주었다.

* * *

히잡 관련 연구를 즐겁고 흥미진진하게 할 수 있도록 도움을 준 인도네시아 친구들에게 감사의 마음을 전한다. 자신의 이름이 거명된다는 사실을 알 수는 없겠지만, 특히 수로노, 밤방, 무프티, 아낭이 커다란 도움을 주었다. 일일이 이름을 나열하지는 못하지만 히잡과 관련된 이야기를 해주고 히잡에 대해 많은 것을 가르쳐준 연구 대상 학생들에게 감사한다. 이 글을 작성할 동기를 준 남성민과 박희철, 연구와 집필 과정을 옆에서 지켜보며 도움을 준 가족, 현희와 민지에게도 감사함을 전한다.

　이 글을 쓰는 동안 접한 한 여행기의 구절이 내내 머릿속을 떠나지 않는다. 이집트를 방문했던 여행자는 "좀 더 예쁘게 보이기 위해 치마를 한 단 짧게 올려보기도 하고 흰 커버 양말을 복사뼈 아래로 더 접어서 다리를 길게 보이고 싶기도" 했던 청소년기의 경험을 떠올리며 무슬림 여성의 멋 내기를 이해하려 했다.[3] 이 구절을 읽는 순간 내 연구의 한계를 실감할 수 있었다. 나는 이 여행자와 달리 미세하고도 정교한 미적 관행에 주의를 기울이지 못한 채 현지 조사를 마쳤기 때문이다. 미적 행동을 감지하고 찾아낼 감수성은 어떤 의미에서 내 능력 밖의 것이기도 했다. 예쁘게 보이기 위해 치마 한 단을 올려본 경험이 없고 멋 부리는 것도 귀찮아하는 내가 미세하고 정교한 수준의 자료를 찾아내기는 불가능에 가까웠다.

치맛단을 올려보고 커버 양말을 접어본 경험이 있는 누군가가 이 글을 읽으면서 무슬림 여성의 미적 행동에 관심을 가질 수 있기를 기대한다. 아름다움에 대한 감수성을 가진 누군가에게 이 책이 히잡에 대한 궁금증을 야기할 자극제가 될 수 있다면, 그것만으로도 이 글을 쓴 보람이 있을 것이다.

주

1 히잡, 무슬림 여성의 옷

1 인도네시아어 자음 k, p, t, c는 한국어 'ㄲ', 'ㅃ', 'ㄸ', 'ㅉ'에 가깝게 발음된다. 하지만 국립국어원의 외래어표기법에 따르면 'ㅋ', 'ㅍ', 'ㅌ', 'ㅊ'로 표기된다. 현지 발음과 동떨어진 발음이지만 이 책에서는 국립국어원의 규정에 따라 현지어를 표기하기로 한다.

2 el Guindi, 1999, p.139.

3 el Guindi, 1999, pp.149~150.

4 Nader, 1989, p.227.

5 Said, 1979, p.188.

6 Shirazi, 2001, p.13.

7 Foucault, 1995, pp.200~201

8 Mabro, 1996, pp.114~115

9 Vivian, 1999, p.123.

10 Ahmed, 1996, p.154.

11 Fanon, 1965, pp.39~40.

12 Ahmed, 1996, pp.160~162

13 Fanon, 1965, p.63.

14 el Guindi, 1999, p.145.

15 수리아쿠수마, 2009, p.73.

16 Eisenstad, 2000.

2 이슬람과 히잡

1   무슬림은 《코란》 번역이 불가능하다고 믿는다. 마호메트가 계시를 받을 때의
    언어인 아랍어 《코란》을 다른 언어로 번역할 경우 그 의미가 정확하게 전달될 수
    없기 때문이다. 따라서 《코란》 번역은 이슬람 교리에 대한 무슬림의 이해를 높이기
    위한 목적으로 이루어졌으며, 번역된 《코란》은 경전으로서의 지위를 갖지 못한다.
    한국어판 《코란》은 1980년대에 처음 번역됐고 이후 여러 번역본이 출판됐다.
    무슬림이 소수인 국가에서 출판됐기에 한국어판 《코란》에는 한국적 정서나
    문화에 부합하는 해석을 찾아볼 수 있다. 이 글에서는 사우디아라비아의 파하드
    국왕 코란 출판청에서 발행한 《성 꾸란: 의미의 한국어 번역》을 이용할 것이며,
    필요에 따라 영어나 인도네시아어 번역본의 내용을 추가하기로 한다.

2   생략된 부분에는 여성의 노출이 허용되는 대상이 제시돼 있다. "남편과 그녀의
    아버지, 남편의 아버지, 그녀의 아들, 남편의 아들, 그녀 자매의 아들, 여성무슬림,
    그녀가 소유한 하녀, 성욕을 갖지 못한 하인 그리고 성에 대한 부끄러움을 알지
    못하는 어린이."

3   Departemen Agama, 1989, p.548; Pickthall, 1989, p.255.

4   el Guindi, 1999, pp.140~142

5   《하디스》는 마호메트 사후 구전을 통해 전해지는 그의 언행을 집대성해 편찬한
    책으로, 《코란》과 함께 이슬람 교리의 원천으로 간주된다. 《하디스》의 한국어
    번역본이 없기 때문에 본문의 《하디스》 내용은 'https://sunnah.com'에 제시된
    영어 번역본을 한국어로 직접 번역한 것이다.

6   하디스, Sunan Abi Dawud, 4104.

7   Stowasser, 1994, p.93.

8   Saeed, 1997, p.285.

9   Quraish, 2004, p.106.

10 Syahrur, 2009, pp.309~310.

11 Quraish, 2004, p.106.

12 Syahrur, 2009, p.322.

13 el Guindi, 1999, p.139.

14 al Khauly, 1988, p.214.

15 리오단, 2005, p. 42.

16 al Khauly, 1988, p.214.

17 하디스, Abu Dawood 3512 ; Irwaʾ al-Ghaleel, 2691 ; Al-Bukhari, 18 : 1631.

18 Stowasser, 1994, p. 98.

19 Muhammadiyah, 1995, p.83.

20 Muhammadiyah, 1995, p.81.

21 Muhammadiyah, 1995, p.82.

22 Aisha, 2008, p.290.

23 Hoffman-Ladd, 1987, p.37.

24 el Guindi, 1981, p.481.

25 하디스, HR. Muslim, 2128.

26 하디스, Riyad as-Salihin, 1 : 612.

27 Cheema, 2013.

3 인도네시아 히잡의 역사적 전개: 2000년대까지

1 Raffles, 1830, pp.102~105

2 전통 인도네시아 사회에서는 치아에 검은색을 입히는 관행이 존재했다. 동물과의
   차별성을 드러내기 위해 행해진 이 관행으로 인해 미인의 구성 요소로 검은
   치아가 포함됐다.

3 전통 자바 사회에서 여성의 아름다움을 동식물에 비유해 설명한 표현은50 여 개에
   이른다(Muljono, 2013). 예를 들면 손은 상아에, 허리는 벌에, 어깨는 금 저울에,
   엉덩이는 코코넛 잎으로 만든 바구니에, 가슴은 노란 코코넛에, 발은 귀뚜라미에,
   허벅지는 메뚜기에 비유됐다(Listia et al., 2014).

4 Djaya & Asmara, 2004, pp.49~50.

5 이 유형의 여성에게는 성적 욕구가 천천히 드러나지만 오랫동안 지속되고
   성행위를 스스로 즐길 수 있는 특징이 나타난다고 기술돼 있다(Djaya & Asmara, 2004,
   50).

6 와양 공연은 2008년 유네스코가 지정한 인류무형문화유산에 등재됐다.

7 Wahjono, 2004, p.78.

8 Tantowi, 2010, p.63.

9 Kaptein, 2009, pp.184~185.

10 무함마디야나 엔우와 달리 히잡 착용과 남녀의 공간적 분리를 반대하는 의견이 제기되기도 했다. 하지만 이 입장은 단체의 견해가 아니라 이슬람 지도자의 개인적 의견이었다(Luthfi, 2009, 85).

11 Tantowi, 2010, pp.80~87.

12 Geertz, 1960, p.54.

13 Geertz, 1960, p.357.

14 공산주의 지지자가 이슬람 세력을 비판할 때 이용한 레토릭의 하나는 도덕성이었다. 종교를 전면에 부각했으나 이슬람 지도자는 부패하고 부유하며 성적으로 타락했다고 주장했다. 이러한 비판의 연장선상에서 히잡이 평가됐음을 본문에 제시된 노래가 보여준다.

15 Hamdani, 2007, p.77.

16 Muhammadiyah, 1995, pp.81~82.

17 이슬람화가 대학생의 관심을 끈 이유 중 하나는 당시의 억압된 정치 상황이었다. 수하르토의 독재로 인해 정치적 활동이 불가능해지자 이상향을 꿈꾸는 대학생의 욕구가 이슬람을 통해 분출됐다(김형준, 2013, 187).

18 Hamdani, 2007, pp.64~65.

19 Hamdani, 2007, p.60.

20 Saleh, 2010, pp.45~46.

21 Departemen Pendidikan dan Kebudayaan, 1982.

22 Saleh, 2010, p.39.

23 Alatas & Fifrida, 2002, pp.27~33.

24 Departemen Pendidikan dan Kebudayaan, 1991.

25 Smith-Hefner, 2007, p.399.

26 Brenner, 1996, p.682.

27 Whalley, 1993, p.254.

28 Smith-Hefner, 2007, pp.400~402.

29 Kabupaten Solok, p.2002.

30 Hamdani, 2007, pp.158~166.

31 Smith-Hefner, 2007, p.413.

32 Astuti, 2007, p.76.

33 전통풍, 인도풍, 아랍풍의 음악이 혼합된 인도네시아의 대중가요 장르. 보통 여가수의 현란하고 섹시한 율동과 함께 불린다.

34 Hadriani, 2008.

35 2008년 크게 히트한 영화 〈사랑의 시(Ayat-ayat Cinta)〉의 여주인공 아이샤(Aisyah)가 영화에서 착용한 히잡 스타일을 일컫는다.

36 전통적인 염색 기법 혹은 이런 기법을 이용해 만든 천인 바틱은 2009년 유네스코가 지정한 세계문화유산에 등재됐다. 바틱 옷이 가진 사회문화적 의미에 대해서는 김형준(2012, 62~65)을 참조하면 된다.

37 Munir, 2013.

38 Hasbullah, 2007.

39 Nef-Saluz, 2007, p.19.

4 히자버, 패션으로서의 히잡

1   https://www.instagram.com/dianpelangi

2   Dian, 2014, p.31.

3   Dian, 2014, p.43.

4   《하디스》 Sahih Muslim, 1:164, 171; Riyad as-Salihin, 1:612.

5   Dian, 2014, p.43.

6   이슬람의 민간전승에서는 알라가 보낸 천사가 세상을 돌아다니며 선행하는 인간을 찾기 때문에 이들의 관심을 끄는 것이 중요하다는 식의 이야기가 회자된다.

7   Dian, 2014, pp.65~66.

8   Dian, 2014, p.66.

9   Dian, 2014, p.441.

10 Dian, 2014, p.437.

11 Dian, 2014, p.414.

12 Dian, 2014, p.176.

13 성기를 대상으로 한 자바인의 전통 미용 관리 방법에 대해서는 조윤미(2015, 141~143)를 참조하면 된다.

14 Dian, 2014, p.277~278.

15 Wawa, 2011.

16 《코란》 전체를 암기한 이 소녀는 유명세를 탄 후 미국으로 건너가 어린이를 대상으로 《코란》을 가르쳤다. 인스타그램의 팔로워가 수십만 명에 달하며, 어린 나이지만 히잡 패션 사업을 준비하고 있다(Fauziah, 2016).

17 김형준 2015.

18 Wawa, 2011.

19 Andayani, 2012.

20 Cimot, 2013.

21 Hizbut Tahrir, 2012.

22 Abisyakir, 2014.

5 질붑, 히잡과 미적 표현의 자유

1 이 장은 김형준(2017)의 내용을 수정, 보완해 작성한 것이다.

2 Solopos 2014.

3 http://www.liputan6.info/2015/06/jilboob-pakai-jilbab-tapi-payudara-dan.html

4 Detiknews, 2014.

5 Kapanlagi, 2014.

6 Wowkeren, 2014.

7 Kartikawati, 2014.

8 Inaya, 2011.

9 김형준, 2008, pp.352~353.

10 https://www.facebook.com/permalink.php?id=279768125403090&story_fb id=728807523832479

11 Arrahmah, 2012.

12 Arman, 2003.

13 Hanifa, 2015.

14 Mahmada, 2006.

15 Foucault, 1994, p.116.

16 http://simplijilbab.blogspot.kr/2014/08/kriteria-lomba-hijab.html ; http://simpli jilbab.blogspot.kr/2014/08/4-poin-penilaian-juri-hijab.html

6 현장에서 본 히잡, 의존성과 행위자성 사이에서

1 본문에 제시된 이름은 모두 가명이다.

7 현장에서 본 히잡, 착용과 미착용의 다의성

1 알코올이 함유된 화장품에 대한 무슬림 여성의 관심과 우려에 대해서는 남성민(2016, 30 & 63)을 참조하면 된다.

2 인도네시아 무슬림 여대생의 꾸미기 관행에 대한 더 자세한 설명은 남성민(2016, 15~39)을 참조하면 된다.

3 Prasetyaningsih, 2007.

4 마르얌 포야, 1999, p.119.

epilogue

1 http://news.naver.com/main/read.nhn?mode=LSD&mid=shm&sid1=104&o id=001&aid=0008992829&m_view=1 (2017년 1월 29일, 3월 9일 현재)

2 김형준, 2012.

3 김정은, 2009, p.104.

참고 문헌

국내 단행본

김정은, 《1000일간의 아라비안나이트》, 동아일보사, 2009.

김형준, 《적도를 달리는 남자: 어느 문화인류학자의 인도네시아 깊이 읽기》, 이매진, 2012.

리오단 테레사, 오혜경 역, 《아름다움의 발명》, 마고북스, 2005.

마르얌 포야, 정종수·차승일 역, 《이란의 여성, 노동자, 이슬람주의 이데올로기와 저항》, 책갈피, 2009.

수리아쿠수마 율리아, 구정은 역, 《천 가지 얼굴의 이슬람 그리고 나의 이슬람》, 푸른숲, 2009.

국내 논문 및 기타

김형준, 〈인도네시아 이슬람의 자유주의와 종교다원주의〉, 《동아연구》 54, 2008.

_____, 〈'히자버'와 '질밥': 히잡 착용의 다양화와 인도네시아 보수 남성 무슬림의 대응〉, 《비교문화연구》 23(1), 2017.

_____, 〈히잡을 둘러싼 인식 차이와 경합: 인도네시아 여대생의 사례를 중심으로〉, 《비교문화연구》 24(1), 2018.

남성민, 〈질밥 속의 아름다움: 인도네시아 무슬림 여성의 아름다움에 대한 인식과 실천〉, 강원대학교 문화인류학과 석사학위 논문, 2016.

조윤미, 〈인도네시아의 전통 미용 관행과 데이 스파: 자바와 발리 사람들의 전통
미의식과 그 실천 양상을 중심으로〉, 《여성학논집》 32(1), 2015.

해외 단행본

Ahmed Leila, *Women and Gender in Islam*, New Haven & London: Yale University
Press, 1996.

Aisha, Lee Fox Shaheed, "Dress Codes and Modes: How Islamic Is the Veil?"
Jennifer Heath (ed.) *The Veil, Women Writers on its History, Lore, and
Politics*, Berkeley et al.: University of California Press, 2008.

al Khauly, Bahay, *Islam dan Persoalan Wanita Moderen*, Solo: Ramadhani, 1988.

Alatas, Alwi, and Fifrida, Desliyanti, *Revolusi Jilbab: Kasus Pelarangan Jilbab di SMA
Negeri se-Jabotabek 1982-1991*, Jakarta: Al-I'tishom Cahaya Umat, 2002.

Departemen Agama, *Al Quran dan Terjemahnya*, Jakarta: Departemen Agama, 1989.

Dian, Pelangi, *Brain, Beauty, Belief: Panduan Menjadi Muslimah yang Cerdik,
Cantik dan Baik*, Jakarta: Pt Gramedia, 2014.

Djaya & Asmara, *Asmaragama Wanita Jawa: Spiritualitas dan Pesona Seksualitas
dalam Kearfan Tradisional*, Yogyakarta: Kreasi Wacana, 2004.

el Guindi, Fadwa, *Veil: Modesty, Privacy and Resistance*, Oxford & New York:
Berg, 1999.

Fanon, Frantz, *A Dying Colonialism*, New York: Grove Press, 1965.

Foucault, Michel, *Discipline and Punishment: The Birth of the Prison*, New York:
Vintage Books, 1995.

Foucault, Michel, *The Order of Things*, Vintage Books, 1994.

Geertz, Clifford, *The Religion of Java*, New York: The Free Press, 1960.

Kaptein, Nico J. G., "Southeast Asian Debates and Middle Eastern Inspiration:
European Dress in West Sumatra at the Beginning of the Twentieth
Century," Eric Tagliacozzo (ed.) *Southeast Asia and the Middle East: Islam,
Movement, and the Longue Durée*, Stanford University Press, 2009.

Luthfi, Assyaukanie, *Islam and the Secular State in Indonesia*, Singapore: Institute of

Southeast Asian Studies, 2009.

Mabro, Judy, *Veiled Half-Truths: Western Travellers' Perceptions of Middle Eastern Women*, London & New York: I. B. Tauris & Co Ltd., 1996.

Muhammadiyah, *Himpunan Putusan Tarjih Muhammadiyah*, Malang: Pimpinan Daerah Muhammadiyah Malang, 1995.

Nef-Saluz Claudia, *Islamic Pop Culture in Indonesia: An Anthropological Field Study on Veiling Practices Among Students of Gadjah Mada University of Yogyakarta*, Institut fur Sozialanthropologie, Universitat Bern, 2007.

Pickthall, M. Marmaduke (trans.), *The Koran*, London: A Star Book, 1989(1930).

Quraish, Shihab, *Jilbab, Pakaian Wanita Muslimah: Pandangan Ulama Masa Lalu & Cendekiawan Kontemporer*, Tangerang: Lentera Hati, 2004.

Raffles, Thomas Stamford, *The History of Java*, London: John Murray, 1830.

Said, Edward, *Orientalism*, New York: Vintage Books, 1979.

Shirazi, Faegheh, *The Veil Unveiled: The Hijab in Modern Culture*, University Press of Florida, 2001.

Stowasser, Barbara Freyer, *Women in the Qur'an, Traditions and Interpretation*, New York & Oxford: Oxford University Press, 1994.

Syahrur, Muhammad, *The Qur'an, Morality and Critical Reason: The Essential Muhammad Shahrur*, Leiden & Boston: Brill, 2009.

해외 논문 및 기타

Abisyakir, "Hijaber Tapi Hedon," https://abisyakir.wordpress.com/2014/02/10/hijaber-tapi-hedon, 2014.

Andayani, Theresia, "Hijaber Modis Namun Tetap Syar'i," *Tribunnews* November 27, http://www.tribunnews.com/lifestyle/2012/11/27/hijaber-modis-namun-tetap-syari, 2012.

Arman, Sri Rahayu, "Jilbab antara Kesucian dan Resistensi," http://islamlib.com/keluarga/perempuan/jilbab-antara-kesucian-dan-resistensi, 2003.

Arrahmah, "Luthfie Syaukani Tokoh JIL Hina dan Katakan Wanita Berjilbab Bodoh," https://www.arrahmah.com/read/2012/01/06/17268-luthfie-

syaukani-tokoh-jil-hina-dan-katakan-wanita-berjilbab-bodoh.html#sthash.V
oNE7GFd.dpuf, 2012.

Astuti, Santi Indra, "Ramadhan di Televisi: Wacana Infotainment dalam Selubung
Religiusitas," *Majalah Desantara* 15, 2007.

Brenner, Suzanne, "Reconstructing Self and Society: Javanese Muslim Women and
the Veil," *American Ethnologist* 23(4), 1996.

Cheema, Waqar Akbar, "Hadith and the Idea of Women Majority in Hell,"
http://icraa.org/hadith-women-majority-in-hell, 2013. (2017년 2월 28일 현재)

Cimot, Rara, "Hijab Itu Menutup atau Membungkus?" *Kompas* July 30, http://
www.kompasiana.com/herasasmita/hijab-itu-menutup-atau-membungkus_5
52ff0066ea83413698b4675, 2013.

Departemen Pendidikan dan Kebudayaan, "Pedoman Pakaian Seragam Sekolah Bagi
Siswa Taman Kanak-Kanak, Sekolah Dasar, Sekolah Menengah Tingkat
Pertama dan Sekolah Menengah Tingkat atas dalam Lingkungan Pembinaan
Direktorat Jenderal Pendidikan Dasar dan Menengah," Jakarta: Departemen
Pendidikan dan Kebudayaan, 1982.

Departemen Pendidikan dan Kebudayaan, "Pedoman Pakaian Seragam Sekolah,"
Jakarta: Departemen Pendidikan dan Kebudayaan, 1991.

Detiknews, "Fenomena Jilboobs di Kalangan Remaja yang Merebak Jadi Perhatian
Serius KPAI," http://news.detik.com/berita/2655244/fenomena-jilboobs-di-
kalangan-remaja-yang-merebak-jadi-perhatian-serius-kpai, 2014.

Eisenstadt, Shmuel Noah, "Multiple Modernities," *Daedalus* 129(1), 2000.

el Guindi, Fadwa, "Veiling Infitah with Muslim Ethic: Egypt's Contemporary Islamic
Movement," *Social Problems* 28, 1981.

Fauziah, Muslimah, "Wirda Salamah Ulya: Generasi Qurani Masa Kini, Bermedia
Sosial dan Bicara Bahasa Inggris," http://www.gomuslim.co.id/read/
figur/2016/04/21/246/generasi-qurani-masa-kini-bermedia-sosial-dan-
bicara-bahasa-inggris.html, 2016.

Hadriani, P., "Gaya Trendi Jilbab Selebritas," *Tempo Interaktif* September 19,
http://www.tempo.co/read/news/2008/09/19/130136308/gaya-trendi-
jilbab-selebritas, 2008.

Hamdani, Deny, "The Quest for Indonesian Islam: Contestation and Consensus

Concerning Veiling," PhD Thesis, Australian National University, 2007.

Hanifah, Pocut, "Fenomena Jilbab," http://islamlib.com/gagasan/fenomena-jilbab, 2015.

Hasbullah, Moeflich, "Sosiologis Historis Kerudung Indonesia," https://moeflich.wor dpress.com/2007/11/20/kerudung-gaul-indonesia, 2007.

Hizbut Tahrir Indonesia, "Eksploitasi Kecantikan Muslimah," http://hizbut-tahrir.or.id/2012/09/20/eksploitasi-kecantikan-muslimah, 2012.

Hoffman-Ladd, Valerie, "Polemics on the Modesty and Segregation of Women in Contemporary Egypt," *International Journal of Middle East Studies* 19(1), 1987.

Inaya, Rakmani, "Questioning Religious Divides," *Inside Indonesia* October, 2011.

Kabupaten Solok, "Peraturan Daerah Kabupaten Solok Nomor 6 Tahun 2002 tentang Berpakaian Muslim dan Muslimah di Kabupaten Solok," http://ditjenpp.kemenkumham.go.id/files/ld/2002/solok6-2002.pdf, 2002.

Kapanlagi, "Jenahara: JIlboobs Itu Bukan Fenomena," http://www.kapanlagi.com/showbiz/selebriti/jenahara-angkat-bicara-soal-jilboobs-0a2ca6.html, 2014.

Kartikawati, Eny, "Fenomena Jilboobs: Cari Tahu Soal Fenomena Jilboobs, Ini Komentar Zaskia Mecca," *Detik* August 8, http://wolipop.detik.com/read/2014/08/08/150421/2656943/233/cari-tahu-soal-fenomena-jilboobs-ini-komentar-zaskia-mecca, 2014.

Listia, Natadjaja, Faruk, Tripoli & Bayu, Wahyono, "The Ideal Female Body on the Packaging Design of Traditional Medicine," *Journal of Arts and Humanities* 3(4), 2014.

Mahmada, Nong, "Perempuan dan Kue Donat," http://islamlib.com/keluarga/perempuan/perempuan-dan-kue-donat, 2006.

Muljono, Iwan, "Panyandra: Pepindhan Untuk Sesuatu yang Khusus (2): Tubuh dan Anggota Badan," http://iwanmuljono.blogspot.kr/2013/03/panyandra-pepindhan-untuk-sesuatu-yang_6.html, 2013.

Munir, Rinaldi, "Istiqamah itu Memang Berat," https://rinaldimunir.wordpress.com/2008/04/08/istiqamah-itu-memang-berat, 2013.

Nader, Laura, "Orientalism, Occidentalism and the Control of Women," *Cultural Dynamics* 2(3), 1989.

Prasetyaningsih, Luh Ayu, "The Maze of Gaze: The Color of Beauty in Transnational Indonesia," PhD Thesis, University of Maryland, 2007.

Saeed, Abdullah, "Ijtihad and Innovation in Neo-Modernist Islamic Thought in Indonesia," *Islam and Christian-Muslim Relations* 8(3), 1997.

Saleh, Herlambang, "Jilbab sebagai Keyakinan: Sikap Pelajar SMA Negeri 14 Jakarta terhadap Pelrangan Penggunaan Jilbab 1982-1991," BA Thesis, Universitas Indonesia, 2010.

Smith-Hefner, Nancy, "Javanese Women and the Veil in Post-Soeharto Indonesia," *The Journal of Asian Studies* 66(2), 2007.

Solopos, "Fenomena Jilboobs: Tak Ada di Kamus Slang, dari Mana Istila Jilboobs," http://www.solopos.com/2014/08/08/fenomena-jilboobs-tak-ada-di-kamus-slang-dari-mana-istilah-jilboobs-524724, 2014.

Tantowi, Ali, "The Quest of Indonesian Muslim Identity: Debates on Veiling from the 1920s to 1940s," *Journal of Indonesian Islam* 4(1), 2010.

Teja, Dini, "Zaskia Mecca: Apa Salahnya Jilboob?" *Tempo* May 20, 2014.

Vivian, Bradford, "The Veil and the Visible," *Western Journal of Communication* 63(2), 1999.

Wahjono, Parwatri, "Sastra Wulang dari Abad XIX: Serat Candrarini Suatu Kajian Budaya," *Makara, Social Humaniora* 8(2), 2004.

Wawa, "Hijabers Community, Bersyiar Melalui Fashion Taat Kaidah," *Kompas* August 11, http://bola.kompas.com/read/2011/08/11/13253987/Hijabers.Community.Bersyiar.Melalui.Fashion.Taat.Kaidah, 2011.

Whalley, Lucy, "Virtuous Women, Productive Citizens: Negotiating Tradition, Islam, and Modernity in Minangkabau, Indonesia," PhD Thesis, University of Illinois, Urbana-Champaign, 1993.

Wowkeren, "Dian Pelangi Anggap Wajar Fenomena Jilboobs," http://www.wowkeren.com/berita/tampil/00056102.html#ixzz4COw1g7kv, 2014.